SCHÄFFER
POESCHEL

Werner Heister

Studieren mit Erfolg: Effizientes Lernen und Selbstmanagement

in Bachelor-, Master- und Diplomstudiengängen

2007

Schäffer-Poeschel Verlag Stuttgart

Bibliografische Information Der Deutschen Nationalbibliothek
Die Deutsche Nationalbibliothek verzeichnet diese Publikation in
der Deutschen Nationalbibliografie; detaillierte bibliografische
Daten sind im Internet über < http://dnb.d-nb.de > abrufbar.

Gedruckt auf chlorfrei gebleichtem, säurefreiem und alterungsbeständigem
Papier

ISBN 978-3-7910-2643-5

www.schaeffer-poeschel.de
info@schaeffer-poeschel.de

Einbandgestaltung: Willy Löffelhardt
Satz: pws Print und Werbeservice Stuttgart GmbH
Druck und Bindung: C. H. Beck, Nördlingen

Printed in Germany

März 2007

Schäffer-Poeschel Verlag Stuttgart
Ein Tochterunternehmen der Verlagsgruppe Handelsblatt

Vorwort

Dieses Buch widme ich mit vielem Dank für die große Geduld und Unterstützung meiner besseren Hälfte Mäggi, meinen Kids, meinen Eltern und meinem Bruder. Dankeschön auch ALLEN, die zum Gelingen beigetragen haben, allen voran meinen Freunden (plus Familie) Andrea Asselmann, Andreas Georg, Uwe Neuhaus und Peter Plaumann.

Nicht zuletzt gilt mein Dank Herrn Frank Katzenmayer und Frau Adelheid Fleischer vom Schäffer-Poeschel Verlag für ihre stets geduldige Zusammenarbeit und hervorragende Unterstützung.

Über Fragen und Anregungen freue ich mich ganz besonders. Gerne stehe ich Ihnen unter werner.heister@hs-niederrhein.de zur Verfügung.

Neuss, Januar 2007   Werner Heister

Inhaltsverzeichnis

4 Erfolgreicher EDV-Einsatz – Basistipps 103

5 Nutzen Sie E-Learning erfolgreich 124

6 Erfolgreich in Bachelor und Master 145

Anhang: Tastaturkürzel 152

Literaturverzeichnis 161

Stichwortverzeichnis 168

Der Autor

Prof. Dr. Werner Heister, Hochschule Niederrhein in Mönchengladbach, beschäftigt sich seit Jahren mit der effektiven Vermittlung von Schlüsselqualifikationen für Studierende und insbesondere der effizienten Nutzung von Multimedia in der Lehre. Im Rahmen seiner Tätigkeit an der privaten Fachhochschule Nordakademie hat der Autor intensiv durch die Umsetzung von Modulen und Lehrarrangements im E-Learning Erfahrungen gesammelt (Bundesleitprojekt Virtuelle Fachhochschule).

Er ist Studienleiter Marketing an der APOLLON Hochschule für Gesundheitswirtschaft (Bremen) und an weiteren Hochschulen im Rahmen von Lehraufträgen tätig. Im Jahr 2003 erhielt er den Lehrpreis der Hochschule Niederrhein für herausragende Leistungen in der Lehre. Professor Heister ist zudem Vorsitzender der Ehemaligen-Organisation der Hochschule Niederrhein. Insbesondere in dieser Funktion unterstützt er die Bildung von Netzwerken und den Aufbau von Learning Communities.

1 Studieren mit Erfolg

Studieren kommt von studere (lat.) und meint »etwas eifrig betreiben, sich wissenschaftlich betätigen« (Duden Fremdwörterbuch).

Aber wie erfolgreich? Ganz einfach, am Besten mit Konzept, Köpfchen, Kniffen, Kreativität, Kontrolle und Konsequenz. Das bedeutet ganz konkret für Ihren Lernerfolg:

Konzept	Jeder Mensch lernt auf eine ganz individuelle Art und Weise. Für den Lernerfolg ist es wichtig, diese zu kennen, ein darauf abgestimmtes individuelles Konzept zu entwickeln und dieses konsequent zu verfolgen.
Köpfchen	Gut geplant ist halb gewonnen – erfolgreich Studieren geht nur mit guter Planung.
Kniffe	Die richtigen Kniffe beherrschen – das ist die halbe Miete für den Lernerfolg.
Kreativität	Lernen ist leider kein Kinderspiel und sollte deshalb immer etwas versüßt werden – wie wäre es mit Kreativität? Die gehört in jedem Fall dazu.
Kontrolle	Vertrauen ist gut, Kontrolle ist besser. Kontrollieren Sie die Einhaltung Ihrer Planung und Ihre Erfolge kontinuierlich.
Konsequenz	Nutzen Sie das, was Sie weiterbringt, konsequent.

Sie können dieses Buch: **Zur Nutzung**
- konsequent von vorne bis hinten durcharbeiten,
- zufällig Tipp für Tipp herausgreifen und durcharbeiten,
- systematisch mit Hilfe des Inhaltsverzeichnisses oder Index erobern.

Gleich wie Sie vorgehen, Sie werden eine ganze Menge Vorteile erlangen.   **Vorteile**
- Ziel des Buches ist es, Ihr »Studieren« und insbesondere »Lernen« zu rationalisieren. Mit möglichst wenig Aufwand sollen Sie möglichst schnell lernen und viel an neuem Wissensstoff behalten.
- Weiterhin kommt Ihr Selbstmanagement auf den Prüfstand. Zahlreiche Hinweise helfen Ihnen, noch effektiver und effizienter zu arbeiten.
- Darüber hinaus helfen Tipps und Kniffe, so manche Herausforderung schneller, einfacher, besser zu lösen.
- Außerdem hilft Ihnen ein Glossar zu »Bachelor« und »Master«, die grundlegenden Begriffe der derzeitigen Hochschullandschaft einzuordnen.

Die Hinweise auf weiterführende Literatur und Internetseiten werden Ihnen weiterhelfen. Bitte geben Sie die unter IR (= Internetrecherche) stehenden Begriffe, ggf. mit » ... « (d. h. mit den Anführungszeichen), in eine Suchmaschine ein (Empfehlung: www.google.de). Unterschiedliche Literaturangaben/Suchbegriffe sind durch die Zeichen --- getrennt.

Nutzen Sie die hier gesammelten Tipps und Hinweise!

2 Erfolgreiches Lernen und Behalten

Das Gehirn speichert unterschiedliche Inhalte:

- Das Gehirn speichert Informationen über uns: etwa einzelne Fakten zum schulischen und beruflichen Werdegang. Man spricht hier von dem episodischen oder autobiographischen Gedächtnis (deklarativ, explizit).
- Das Gehirn speichert allgemeines und spezielles Wissen. Man spricht hier von dem semantischen Gedächtnis (deklarativ, explizit).
- Das Gehirn speichert Informationen über Abläufe und Verhaltensprozesse, etwa: Laufen, Fahrradfahren etc. Man spricht hier von dem prozeduralen Gedächtnis (prozedural, implizit).

Darüber hinaus speichert es offenbar in spezieller Weise früher oder gerade eben wahrgenommene Reize oder ähnlich erlebte Situationen (Priming) und bestimmte Schockerlebnisse etc. Diese Informationen stehen aber nicht, wie man meinen könnte, unabhängig voneinander, sondern sind miteinander verknüpft.

Irrtümlicherweise wird häufig in der Form eines »Kästchendenkens« angenommen, das menschliche Gedächtnis bestehe aus dem Ultrakurzzeitgedächtnis, dem Kurzzeitgedächtnis und dem Langzeitgedächtnis. Dann wird gefolgert: Lernen meint für uns die Problematik, etwas vom »Kästchen« Kurzzeitgedächtnis ins »Kästchen« Langzeitgedächtnis zu bringen. Wichtig ist es mit Manfred Spitzer (Spitzer 2002, S. 5) festzuhalten: »Die drei Gedächtnisse, die Kästen, gibt es im Kopf nicht.« *(Die Mär von den drei Gedächtnissen)*

Bezüglich bestimmter zeitlicher Eigenschaften des Gedächtnisses weist er auf zwei wichtige Beispiele hin, nämlich das Arbeitsgedächtnis und die Verarbeitungstiefe.

Das Arbeitsgedächtnis bezeichnet »den Teil unseres geistigen Lebens, der mit Inhalten hantiert, sie neu ordnet, verknüpft, sie dreht und wendet, sie formt und dann etwas damit macht« (Spitzer 2002, S. 5). Wenn wir also einen Anruf tätigen wollen, so sorgt das Arbeitsgedächtnis dafür, dass wir uns die Telefonnummer (oder zumindest Teile davon) zum Wählen auf der Tastatur merken können. Im Regelfall kann/wird die Telefonnummer danach vergessen. Beschäftigen wir uns jedoch intensiver mit Inhalten, so haben wir eine weitaus größere Chance, diese zu behalten. Sie hinterlassen nämlich Spuren (Repräsentanten) im Gedächtnis. *(Arbeitsgedächtnis)*

Informationen werden so »im Kopf bearbeitet, von verschiedenen Arealen des Gehirns zugleich und interaktiv verarbeitet, es wird mit ihm (Anm. des Verfassers: dem Kopf/Gehirn) geistig hantiert. Je mehr, je öfter, je tiefer, desto besser für das Behalten.« (Spitzer 2002, S. 6). Das gilt auch für Telefonnummern. Die einzelnen Ziffern merken wir uns vermutlich nicht. Wenn wir aber bei einer Telefonnummer wie 10203040

3

ein Muster erkennen, was bereits eine Beschäftigung darstellt, so steigt die Chance erheblich, dass wir uns die Nummer merken. Die Spuren im Gedächtnis werden dadurch größer und vor allem werden Verankerungen (Assoziationen) gebildet.

Das andere Modell trifft nicht zu: Die Information wird nicht von einem Kästchen »Kurzzeitgedächtnis« in ein anderes Kästchen »Langzeitgedächtnis« verschoben. Wir haben nicht Schubladen im Gehirn/Gedächtnis, sondern Netzwerke bestehend aus Nerven.

Die Wissenschaft geht heute davon aus, dass zu einem bestimmten Zeitpunkt im Arbeitsgedächtnis immer nur eine begrenzte Anzahl von Informationen festgehalten werden kann. Unterschiedliche Experimente haben gezeigt, dass 7 plus/minus 2 Informationen – sogenannte Chunks – zu einem Zeitpunkt gespeichert werden können (Gedächtnisspanne). Zum Verständnis: Die Buchstaben »p«, »o«, »s«, »t« sind 4 einzelne Chunks, der Begriff »Post« ein einzelnes Chunk (Bündel).

Verarbeitungstiefe Hier gilt ein ganz einfaches Prinzip: »Je mehr, je öfter, je tiefer, desto besser für das Behalten.« (Spitzer 2002, S. 6). Je tiefer also ein Inhalt verarbeitet wird, desto besser bleibt er im Gedächtnis haften. Übrigens: Deshalb sind Eselsbrücken ja so wertvoll. Durch das Ausdenken der Eselbrücke wird der Inhalt wieder und wieder im Gedächtnis bewegt und prägt sich dadurch ein! Die wertvollsten Eselsbrücken, Merksätze etc. sind also die, die man sich selber baut.

Die Speicherung von Informationen geschieht konkret durch die Vernetzung von Nervenzellen. Dabei werden Information in möglichst abstrakter Form verarbeitet. Der Verzicht auf zu viele Details geschieht, damit nicht zu viel Platz verbraucht wird. Aber: Gespeichert werden Informationen nur, wenn ihnen eine entsprechende Bedeutung (Wichtigkeit) zugemessen wird. Informationen, denen keine Bedeutung zugemessen wird, werden nicht gespeichert.

Informationen werden leichter und intensiver gespeichert, wenn sie mit positiven Assoziationen verknüpft sind, beispielsweise der Geburtstag eines geschätzten Menschen, der auf dem gleichen Tag liegt, wie der eines Ihrer Kinder. Zuständig ist hier der Mandelkern (die Amygdala). Informationen, die den Lernenden besonders interessieren bzw. überraschen oder gar in Staunen versetzen, werden offenbar besonders gut behalten. Mit anderen Worten: Sobald Sie mit dem Herzen dabei sind, fliegt Ihnen der Lernstoff förmlich zu. Sie lernen das besonders gut, was Sie echt lernen wollen!

Elaborieren Die Verknüpfung mit positiven Assoziationen und die Behaltensleistung generell kann mittels Elaboration (= die bewusste Aufarbeitung von Informationen zum Zwecke der besseren Speicherung; Verb = elaborieren) gesteigert werden und durch Memorieren positiv beeinflusst werden.

Memorieren Memorieren (lat. memorare = in Erinnerung bringen; memor = eingedenk, sich erinnernd) meint »zum Zwecke des Auswendiglernens wiederholen« (Duden Fremdwörterbuch und Langenscheidts Fremd-wörterbuch). Memorieren kann durch einfaches Wiederholen, also etwa sich still oder laut immer wieder etwas vorsagen, durchgeführt werden. Memoriert werden kann aber auch durch Elaboration und Verankerung, d.h. Anbindung, Zuordnung von neuen Informationen an bereits beste-hende Informationen.

Reine Daten werden also sinnhaft zusammengefasst oder angedockt: Die Buchstaben E R T G A N sind in dieser Reihenfolge relativ schwer zu merken, in der Reihenfolge G A R T E N aber ganz leicht. Das Chunking, also die Zusammenfassung/Komprimierung von Daten zu etwas mit Sinn, ist hier eine sehr effektive und effiziente Strategie.

Bei der Elaboration/dem Memorieren ist besonders zu beachten, dass das menschliche Gehirn aus zwei recht unterschiedlich arbeitenden Hälften (linke und rechte Hälfte) besteht.

- Die linke Gehirnhälfte sorgt für die verstandesmäßige Aufnahme von Zahlen, Daten, Fakten, Logik, Ordnung. Sie reagiert auf das Wort und hat einen Fokus im Detail.
- Die rechte Gehirnhälfte ist für die Aufnahme von Bildern, Emotio-nen, Farbe, Fantasie, Musik, Gefühlen zuständig und hat somit einen Fokus auf Zusammenhänge und ganzheitliches Denken. Sie reagiert tendenziell stärker auf Bilder.

Das Gedächtnis kann sich Informationen dann besonders gut merken, wenn beide Gehirnhälften zugleich angesprochen werden.

Beide Gehirnhälften ansprechen

Erfolgreiche Elaboration/Memorierung ist aber auch vom Lerntyp ab-hängig. Erst wenn Sie herausgefunden haben, welcher Lerntyp Sie sind, können Sie optimal lernen. Entsprechend den Sinnesorganen, die beim Lernen benutzt werden, werden verschiedene Lerntypen häufig wie folgt unterschieden:

Lerntypen

- Der visuelle Typ – visuelle Darstellungen – »sehen«.
- Der auditive Typ – akustische Begründungen – »hören«.
- Der haptische Typ – Tastsinn – »fühlen«.
- Der taktile/motorische Typ – Experimente – »erkennen«.
- Der verbale/kommunikative Typ – Diskurs mit anderen Teilneh-mern – »sprechen und hören«.
- Der abstrakt denkende Typ – abstrakte Darstellungen – »z. B. For-meln lernen«.

Gestalten Sie Ihr Lernen typengerecht. Um erfolgreich zu lernen, sollten Sie entsprechend Ihrem Lerntyp vorgehen.

Generell kann aber auch gesagt werden, dass mehrere unterschied-liche Lernwege in der Regel von Vorteil sind. Aus diesem Grunde wird die mehrkanalige Aufnahme von Informationen (z. B. lesen, hören, se-hen, ertasten, experimentieren) als besonders Erfolg versprechend ange-sehen. Wechseln Sie möglichst unterschiedliche Lernwege häufiger ab!

Das Erfolgsrezept   **Gehen Sie also beim Lernen stets so vor:**
- Gehen Sie stets interessiert und motiviert an die Arbeit!
- Messen Sie den Informationen Bedeutung/Interesse zu!
- Schaffen Sie sich einen Überblick über die Lerninhalte!
- Nutzen Sie beim Lernen Assoziationen!
- Elaborieren (ausarbeiten) Sie die Inhalte!
- Memorieren (wiederholen) Sie ausreichend oft!

»Arbeiten« Sie stets daran. »Je tiefer ein Inhalt verarbeitet wird, desto besser bleibt er im Gedächtnis.« (Spitzer 2002, S. 9). Noch mal zu den Eselsbrücken: »Die besten Eselsbrücken sind diejenigen, die man sich selber macht: In diesem Fall hat man durch das Bauen der Brücken im Geist den Inhalt x-mal hin und her gewendet, über ihn nachgedacht und ihn genau dadurch im Gedächtnis verankert.« (Ebenda.)

Nachfolgend nun einige einfache Tricks, Hinweise, Anleitungen, wie Sie dieses Konzept erfolgreich umsetzen können.

2.1 | Erkennen Sie Ihren Lerntyp

Für unterschiedliche Lerntypen empfiehlt sich eine differenzierte Vorgehensweise. Werden Sie Ihrem Lerntyp gerecht und Sie lernen leichter und besser.

Beim Lernen benutzen wir unsere Sinnesorgane, nämlich die Augen, Ohren, aber auch den Geruchs- und Geschmackssinn und die Körpermuskeln. Der Lernstoff (Input) gelangt über die Sinnesorgane in unser Gehirn. In diesem Zusammenhang spricht man von unterschiedlichen »Lerntypen«, da die einzelnen Sinnesorgane bei jedem Menschen individuell ausgeprägt sind.

Input über unterschiedliche Sinnesorgane

Unter »Lerntypen« versteht man also Typen von Lernenden, die nach ihrer Vorliebe für eine bestimmte »Lernweise« (Hinweis: analog zu Arbeitsweise) unterschieden werden. In der Literatur und auch im Internet finden Sie zahlreiche Tests, die Ihnen Hinweise darauf geben, welcher Lerntyp Sie sind bzw. welcher Lernstil am besten zu Ihnen passt.

Geben Sie in einer Suchmaschine einfach nur das Stichwort »Lerntyp« oder »Lerntyp« und »Test« zugleich ein. Die meisten Tests sind gut brauchbar, um Tendenzen zu erkennen und Hinweise auf den Lernstil zu erhalten.

Je nach Lernstil sollten Sie das Lernen unterschiedlich angehen:
Dem Lerntyp gerecht werden
- Der visuelle Lerntyp lernt durch Sehen. Er schaut sich gerne Bilder, Videos, Grafiken, Struktogramme etc. an, um den zu lernenden Stoff zu verstehen und zu behalten.
- Der auditive Lerntyp lernt durch Hören, beispielsweise durch Inhalte, die er sich selber auf eine CD gesprochen hat. Zahlreiche wissenschaftliche Vorträge und Inhalte sind inzwischen auch als CD erhältlich und können käuflich erworben werden.
- Der verbale/kommunikative Typ lernt durch Gespräche, Diskussionen, Rollenspiele etc. Er sucht sich Mitstreiter, mit denen er oft stundenlang bestimmte Inhalte durchgeht und vertieft.
- Der motorische Lerntyp lernt durch »Selbermachen«, also die selbstständige Durchführung z.B. eines Experiments. Er bastelt und baut gerne und prägt sich so den zu lernenden Stoff nachhaltig ein.

Den »nur visuellen« Lerntyp etc. gibt es eher selten. Häufiger sind Verbindungen anzutreffen, also z.B. der im Wesentlichen visuelle Lerntyp, der auch gut auditiv unterstützt lernen kann. Deshalb empfiehlt es sich, unterschiedliche Lernkanäle (Arten der Informationsaufnahme) zu nutzen.

Unterschiedliche Lernkanäle nutzen

Literatur: Metzig, W. u. a.: Lernen zu lernen
IR: Lerntyp --- Lerntyp Test

Das bringt Sie weiter

2.2 | Lernen Sie durch Bilder

Nutzen **Sind Sie ein visueller Lerntyp, dann lernen Sie vermutlich mit Bildern/visuellen Darstellungen am besten.**

Visuelle Lerntypen lernen vorwiegend mit den Augen. Für den visuellen Lerntypen müssen die Informationen übersichtlich und optisch ansprechend aufbereitet sein. Für den visuellen Lerntypen spielen auch Farben und Symbole eine große Rolle. Manchmal reicht es dem visuellen Lerntypen, etwas sauber durchzustreichen und die richtige Lösung daneben zu schreiben. Wird der visuelle Lerntyp mit Text konfrontiert, so stellt er sich ggf. ein Bild darunter vor. Der visuelle Lerntyp fertigt selber Skizzen an und nutzt Textmarker/Leuchtstifte. Er nutzt Abbildungen und Diagramme sowie Lernplakate, auf denen er wichtige Regeln und andere Lerninhalte aufschreibt oder aufklebt und im Studier- und/oder Schlafzimmer etc. aufhängt. Dem visuellen Typ hilft es, wenn er Fernsehsendungen/Videos/DVDs zum Thema sieht und wenn er Mind Maps erstellt. Eine Lernkartei ist in der Regel für den visuellen Lerntypen sehr hilfreich. Ein Beispiel: Die Grundbegriffe der Statistik (Grafik von Dipl.-Theol. Dipl.-Kfm. Peter Plaumann).

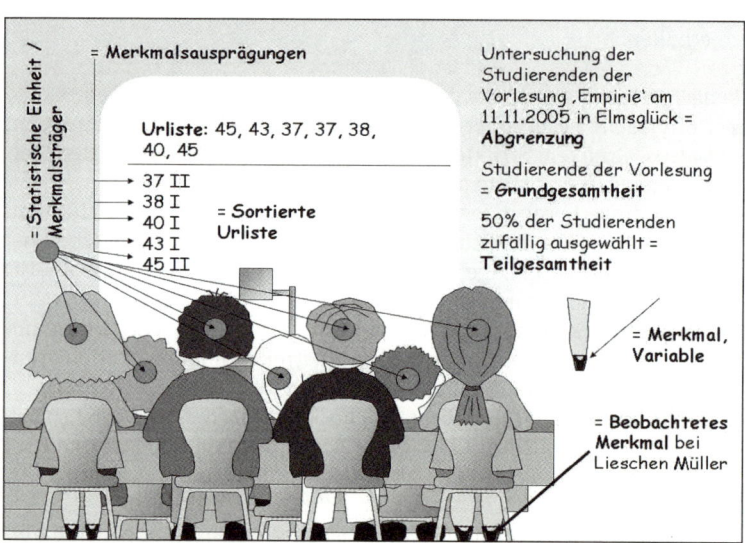

Lernplakat, »Grundbegriffe der Statistik«

Auch hier gilt: Die Erstellung des Bildes führt dazu, dass sich das Gedächtnis längere Zeit mit den zu lernenden Informationen beschäftigt. Dies wiederum führt dazu, dass mehr Informationen eventuell schneller behalten werden.

Das bringt Sie weiter **Literatur:** Geisselhart, R. u.a.: Power-Tool Gedächtnis
IR: »Visueller Lerntyp«

2.3 | Lernen Sie durch Hören, Lieder und Reime

Sind Sie ein auditiver Lerntyp? Dann lernen Sie vielleicht wie nachfolgend beschrieben am besten?

Nutzen

Der auditive Lerntyp lernt vorwiegend durch »Hören« und »Sprechen«. Manchmal erkennen Sie den auditiven Lerntyp daran, dass er beim Lernen die Lippen bewegt. Deshalb ist es für den auditiven Lerntyp empfehlenswert, zu lernenden Stoff laut vorzulesen bzw. einzelne Passagen, Vokabeln etc. auf eine Kassette/eine CD zu sprechen.

Für den auditiven Lerntyp kann es auch sehr hilfreich sein, den Lerninhalt mit anderen Mitlernenden durchzusprechen und bei Bedarf zu erklären. Auch Musik – die beim Lernen gehört wird – kann den auditiven Lerntyp zu Höchstleistungen bringen. Mit der typischen Frontalveranstaltung (Vorlesung) hat der auditive Lerntyp in der Regel nur wenige Probleme. Erschwerend kann es sein, dass viele Menschen ihre eigene Stimme nicht gerne hören. Aber das ist kein Problem: Lassen Sie Ihren Freund/Ihre Freundin die Kassette/CD etc. besprechen, dann macht das Hören noch viel mehr Freude. Und: Lernen wird durch das Denken an den lieben Menschen verstärkt.

Insbesondere bei allen süddeutschen Lesern sicher gut bekannt: Iller, Lech, Isar, Inn fließen nach der Donau hin etc.

Beispiele

Was steckt dahinter? Lieder und Reime kann sich das Gedächtnis besonders gut merken. Ein weiteres Beispiel:
Sieben, fünf, drei, Rom schlüpft aus dem Ei.
Es geht auch mit Namen:
Klaus Bauer ist ein ganz Schlauer.
Erwin Scheufel – schaut wie der Teufel.

Oder für die Grammatik (Präpositionen) – Melodie von Bruder Jakob:
Aus, bei, mit, nach, aus, bei, mit, nach,
seit, von, zu, seit, von, zu,
alle haben Dativ, alle haben Dativ,
aus, bei, mit, nach, seit, von, zu.

Auch hier gilt wieder: Nutzen Sie ruhig Lieder/Reime, die lustig oder überzogen sind.

Literatur: Karsten, G.: Erfolgsgedächtnis
IR: Reime lernen

Das bringt
Sie weiter

2.4 | Lernen Sie in Bewegung

Nutzen

Sind Sie ein »bewegter« Lerntyp? Dann geht es so!

Mit den »Füßen« lernen

Motorische Lerntypen sind Macher. Nichts hält sie lange beispielsweise auf einem Stuhl fest. Der motorische Lerntyp lernt am besten, in dem er Handlungsabläufe selber nachvollzieht. Er sammelt Erfahrung durch »Learning by Doing«. Er rechnet Aufgaben nach. Er schreitet Wege ab. Er spielt Szenen nach und denkt sich Variationen aus.

Bewegung ist angesagt. Die Kunst besteht nun darin, diese Bewegung in sinnvolle Bahnen zu lenken und sie für das Lernen nutzbar zu machen. Stellen Sie sich beispielsweise ein Stehpult in die Mitte des Raumes und platzieren den zu lernenden Stoff auf diesem Möbelstück. Oder wandern Sie immer gleiche Bahnen durch das Zimmer hindurch. Nutzen Sie einen weichen Ball, eine Kugel für die Hände.

Spielen Sie Lernstoff szenisch nach, spielen Sie alleine oder mit mehreren Rollenspiele. Schneiden Sie Formen aus. Testen Sie, ob das Lernen auf einer Schaukel, in einem Schaukelstuhl oder auf einer Hängematte für Sie erfolgreicher ist. Kauen Sie Kaugummi, manchem hilft das beim Lernen. Körperliche Betätigung, Sport, Bewegung unterstützen Konzentrationsfähigkeit und Denkleistung. Das gilt insbesondere für Jogging und Walking. Achten Sie darauf, dass der Puls nicht durch übermäßige Anstrengung zu hoch steigt. Essen Sie nicht übermäßig vor dem Sport, kleiden Sie sich »atmungsaktiv« und achten Sie auf eine aufrechte Körperhaltung.

Beispiele

Sicher haben Sie alle schon Erfahrung mit »Bewegung« und »Lernen« gemacht:

- Das Auf- und Abgehen im Raum hilft beim Vokabellernen.
- Das Springen auf einem Trampolin oder Sofa hilft, Lerninhalte nachhaltiger einzuprägen.
- Rhythmische Bewegungen unterstützen das Lernen.
- Innovative Ideen und Impulse kommen Ihnen, wenn Sie spazieren gehen.

Insgesamt scheint Bewegung für die dauerhafte Speicherung bei allen Lernenden von Nutzen zu sein.

Das bringt Sie weiter

Literatur: Vester, F.: Denken, Lernen, Vergessen
IR: »Motorischer Lerntyp«

2.5 | Lernen Sie durch Kommunikation

Sind Sie ein »kommunikativer« Lerntyp? Dann geht es so!   Nutzen

Der kommunikative Lerntyp bringt sich gerne in den Unterricht ein und arbeitet gerne aktiv mit. Er fühlt sich in Gruppen wohl, wenn er sich mit anderen Lernenden gemeinsam Inhalte durch Diskussion und Gespräch erschließen kann. Der kommunikative Lerntyp ist meistens ein guter Redner und auch ein guter Zuhörer.

Für ihn kann es besonders interessant werden, wenn in der Gruppe ein   Beispiele
Teilnehmer eine eher provozierende Haltung einnimmt und somit die anderen zu angeregter Diskussion verleitet.
  Wenn Sie ein kommunikativer Lerntyp sind, so nutzen Sie Gelegenheiten, sich möglichst häufig persönlich zu engagieren und einzubringen. Fachen Sie selber die Diskussion an und beteiligen Sie sich rege. Lassen Sie sich von anderen Lernenden Inhalte verbal erläutern. Arbeiten Sie in Lerngruppen zusammen und nutzen Sie auch die vielfältigen Möglichkeiten von Rollenspielen.

Suchen Sie Mitstreiter bzw. kontrovers denkende Menschen, und nutzen Sie alle Möglichkeiten zum Diskurs, die sich Ihnen bieten. Allgemein wird das »Lernen in der Gruppe« als sehr lernförderlich eingeschätzt, weil es mehr Spaß macht und motivierend wirkt. Außerdem lernt man in der Gruppe voneinander, weil: Häufig haben die Mitglieder Kenntnisse über unterschiedliche zu lernende Aspekte und können sich so wunderbar ergänzen. Manchmal hat ein Mitglied etwas verstanden, was andere noch nicht begriffen haben und kann es entsprechend erklären.

Bei der Bildung von Gruppen sollte darauf geachtet werden, dass nicht mehr als 2 bis 4 Mitglieder in der Gruppe sind, die Mitglieder gut zueinander passen (also harmonieren). Weiterhin sollten die Ziele der Gruppenarbeit vor dem Start der Kooperation genau festgelegt werden. Nicht zuletzt: Der gemeinsame Arbeitsstil muss Spaß machen und der gewählte Arbeitsort muss motivierend und lernförderlich sein. Nutzen Sie auch die elektronischen Möglichkeiten von E-Mail, Tools zur Koordination der Gruppenarbeit (Groupware, z. B. BSCW – Basic Support for Cooperative Work des Fraunhofer-Instituts).

Literatur: Cottrell, S.: The Study Skills Handbook   Das bringt
IR: »Kommunikativer Lerntyp« --- BSCW --- define:Groupware   Sie weiter

2.6 | Beteiligen Sie möglichst viele Sinneskanäle

Nutzen
Erst der Gebrauch von vielen unterschiedlichen Sinneskanälen beim Lernen ist optimal, z. B. sehen, hören und handeln.

Die Hinweise auf unterschiedliche charakteristische Lerntypen sollten Sie keinesfalls kategorisch nehmen. Kein Mensch ist nur ein visueller Typ und Golf hat noch keiner alleine durch Zuhören einer theoretischen Anleitung auf einem Speichermedium gelernt.

Die meisten Menschen sind bezüglich des Lernens »Mischtypen«. Nutzen Sie die Typisierung aber durchaus, um bestimmte Vorlieben zu erkennen und diesen auch Tribut zu zollen.

Grundsätzlich ist aber der Gebrauch von vielen unterschiedlichen Kanälen optimal. Über unterschiedliche Kanäle erhalten Sie tatsächlich mehr Zugänge zum Gedächtnis. Damit können auch mehr Informationen ins Gedächtnis fließen und leichter behalten werden.
- Sagen Sie den zu lernenden Inhalt laut auf, wenn Sie als motorischer Lerntyp »durchs Zimmer laufen«. So verbinden Sie Aspekte des motorischen und des auditiven Lerntyps.
- Diskutieren Sie ein Thema mit anderen Studierenden und erstellen Sie als Ergebnis ein Lernplakat (mit Mind Map).

Erinnerungsquote
Die Erinnerungsquote steigt deutlich an, je mehr Sinne am Lernprozess beteiligt sind. Folgende Erfahrungswerte werden für das Behalten von Informationen genannt.
- Nur Hören ≥ 20 %
- Nur Sehen ≥ 30 %
- Sehen und Hören ≥ 50 %
- Sehen, Hören und Diskutieren ≥ 70 %
- Sehen, Hören, Diskutieren und selber Tun ≥ 90 %

Wesentlich ist also die aktive Beteiligung:
Tell me – and I forget
Teach me – and I remember
Involve me – and I learn
(Quelle: Benjamin Franklin)

Das bringt
Sie weiter
Literatur: Cottrell, S.: The Study Skills Handbook
IR: Lernen mehrkanalig

2.7 | So lernen Sie grundlegend richtig

Gut geplantes und strukturiertes Lernen steigert den Lernerfolg! Nutzen

Es gibt einige wichtige Grundregeln, die Sie beim Lernen auf jeden Fall beachten sollten. Es klingt banal, aber es ist außerordentlich wichtig:

- Gehen Sie motiviert an die Arbeit. Achten Sie auch auf Ihre Körper- Erfolgsfaktoren haltung. Gehen Sie aufrecht und bewegt, sozusagen erwartungsvoll an den Ort, an dem Sie lernen wollen. Wenn Sie stattdessen gebückt zum Lernen schleichen, so signalisieren Sie: Eigentlich habe ich keine Lust. Wie soll sich dann der Lernerfolg einstellen?
- Suchen Sie sich einen Lernort, an dem Sie geistig/körperlich ausgeglichen sind und angenehmes Arbeiten möglich ist.
- Lernen Sie in einer Umgebung, in der Sie sich wohl fühlen. Schaffen Sie sich Ihren spezifischen Lernort.
- Machen Sie sich deutlich, wie wichtig die aktuell zu lernenden Inhalte für Sie sind, etwa für ein nahes Studienziel bzw. den später angestrebten beruflichen Erfolg.
- Stimmen Sie sich nochmals positiv auf das Lernen ein. Vielleicht notieren Sie sich sogar, was Sie heute lernen wollen und welche Bedeutung und Vorteile Sie damit verbinden.
- Beachten Sie eine zweckmäßige Aufteilung des Lernstoffes. Lernen Sie nicht mehr als 7 +/- 2 Vokabeln, Regeln, Formeln auf einen Schlag, lernen Sie lieber in mehreren Durchgängen.
- Verschaffen Sie sich eine Übersicht und gliedern Sie den Lernstoff sorgfältig. Überlegen Sie, wo es Anknüpfungspunkte gibt, um neues Wissen an bei Ihnen bereits vorhandenes Wissen anzuknüpfen.
- Treten Sie den Lernstoff breit, arbeiten Sie ihn aus, elaborieren Sie die Inhalte. Bei der Ausarbeitung (Elaboration) wird der zu lernende Stoff nämlich immer wieder im Gehirn/Gedächtnis vertieft und setzt sich fest. So lernen Sie gut, schnell und nachhaltig.
- Kontrollieren Sie nach jedem Lernen den Lernerfolg. Wenn Sie das Gelernte gut beherrschen: Lernen Sie einzelne Informationen nicht häufiger als notwendig, wenden Sie sich lieber anderen Inhalten zu.

Übrigens: Vergessen ist keine Verschlechterung der Kapazität des Gehirns oder gar eine Krankheit. Bestimmte Informationen werden beim »Vergessen« im Gehirn in den Hintergrund gerückt und könnten durch Wiederholung reaktiviert werden.

Literatur: Mazur, J. E.: Lernen und Verhalten Das bringt
IR: Lernen: Werner Stangl Sie weiter

2.8 | Lernen Sie durch Elaborieren und Memorieren

Nutzen **Machen Sie sich den Lernstoff schmackhaft und wiederholen Sie ihn. »Steter Tropfen höhlt den Stein« und »brennt« den Stoff im Langzeitgedächtnis ein.**

In den vorstehenden Tipps und Hinweisen wurde die Elaborierung schon mehrfach thematisiert, aber nicht immer mit diesem Fremdwort angesprochen. Elaborierung meint die geeignete Aufbereitung/Ausarbeitung/Anreicherung des Lernstoffes. Zur professionellen Elaborierung gehört es,

Beispiele
- Zusammenhänge zu erkennen und Verknüpfungen zu bilden,
- Beziehungen zwischen Wissensbereichen herzustellen,
- den Lernstoff schmackhaft zu verkleiden,
- Beispiele zu suchen – Vergleiche durchzuführen,
- Fragen zu stellen – kritisch zu diskutieren,
- Geschichten und Eselsbrücken zu erfinden,
- eigene Erlebnisse zu suchen und zu verknüpfen,
- Übungsaufgaben selber zu erstellen.

Wiederholungen Wiederholen Sie den zu lernenden Stoff durch Überprüfung, lesen, anschauen etc. in geeigneten Abständen. Schon die alten Lateiner wussten: »repetitio mater studiorum est« (Wiederholung ist die Mutter des Lernens). Aber was sind geeignete Abstände? Die Neurobiologen wissen mehr: Offenbar wird durch die Wiederholung eine im Gehirn geschaffene Verknüpfung von Informationen verstärkt (Geo Magazin Januar 2000, S. 174).

Orientierung Die Orientierung ist die folgende: Die Intervalle zwischen den Wiederholungen sollten so lang wie möglich sein, um möglichst wenig Mühe/Zeit für die Wiederholungen aufzuwenden. Sie sollten aber auch so kurz wie notwendig sein, um keinen wichtigen Stoff zu vergessen/verlernen.

Christiane Stenger, die mehrfache Jugendweltmeisterin im Gedächtnistraining, empfiehlt Wiederholungen 10 Minuten nach dem Lernen, dann einen Tag später, nach einer Woche, nach zwei Wochen und dann einen Monat später (vgl. Stenger 2004, S. 79). Nutzen Sie jede sich ergebende Gelegenheit, um Stoff – der an der Reihe ist – zu memorieren/wiederholen bzw. zu prüfen, beispielsweise eine U-Bahn-Fahrt, einen Spaziergang, eine Zugfahrt.

Das bringt **Literatur:** Mandl, H. u. a. (Hrsg.): Handbuch Lernstrategien
Sie weiter **IR:** »Elaborieren lernen« --- Wiederholen Lernen

2.9 | Seien Sie unbedingt wissenshungrig

Eine entsprechend positive Motivation zum Lernen/beim Lernen ist unabdingbare Voraussetzung für einen angemessenen Lernerfolg.

Nutzen

Nur der motivierte Lernende (der Wissenshungrige) hat eine größere Chance, einen Lernerfolg zu erzielen, nicht der demotivierte/gezwungene Lernende.

Der motivierte Lernende

- Schaffen Sie sich viele verschiedene Lernmotivationen.
- Setzen Sie sich ausreichend erreichbare Zwischenziele.
- Besonders gute Motivationen zum Weiterlernen sind Erfolgserlebnisse oder »Aha-Erlebnisse«.
- Lernen Sie ggf. interessante Kapitel zuerst und wenden Sie sich dann erst den anderen zu.
- Belohnen Sie sich nach jedem Lernschritt.
- Suchen Sie die Belohnung nach Ihren individuellen Wünschen aus: Eine Süßigkeit essen – eine gute Tasse Tee – ein entspannendes Bad – ein Saunabesuch – ein gutes Essen.
- Achten Sie darauf, dass Sie sich nicht selbst in Versuchung führen (beispielsweise im Internet zu surfen), sondern drehen Sie Störquellen konsequent ab (Internetverbindung schließen und nicht wieder aktivieren).
- Nutzen Sie Möglichkeiten, spielerisch zu lernen.
- Die wichtigste Motivation liegt darin, dem Lernstoff eine hohe Bedeutung zuzumessen, dem Lernen eine hohe Aufmerksamkeit/ein hohes Interesse entgegenzubringen.

Besonders hilfreich können also – hier einmal aus der Sicht des Lehrenden aufgeführt – wirken:

Den Wissenshunger wecken

- Ermittlung der Bedürfnisse, Interessen, Ziele des Lerners,
- Anknüpfung an den Bedürfnissen etc,
- Steigerung der Selbstbestimmung beim Lerner,
- Weckung der Neugierde,
- Vermittlung von amüsantem und spannendem Stoff,
- Involvierung des Lernenden,
- Feedback,
- Lob,
- Belohnung.

Literatur: Birkenbihl, V.: Trotzdem LERNEN
IR: Lernmotivation

Das bringt Sie weiter

2.10 | Schaffen Sie eine positive Lernatmosphäre

Nutzen **Eine positive Lernatmosphäre verbessert die Gedächtnisleistung.**

Bereiten Sie sich gut vor, bringen Sie sich in Lernstimmung:
- Nehmen Sie nur leichte Nahrung zu sich, trinken Sie ausreichend Flüssigkeit (Wasser, Tee, Säfte).
- Sorgen Sie für eine angenehme Raumtemperatur und ausreichende Belüftung. Lüften Sie ggf. den Raum einmal gut durch.
- Hören Sie Ihre Lieblingsmusik.
- Erinnern Sie sich an einen Ort oder eine Begebenheit, in der Sie sich rundherum wohl gefühlt haben.
- Setzen oder legen Sie sich bequem hin.
- Erinnern Sie sich an ein angenehmes Gefühl, ein angenehmes Geräusch, einen tollen Geschmack.
- Nutzen Sie Ihren Lieblingsduft.
- Schließen Sie die Augen und kommen Sie zur Ruhe.
- Denken Sie an den Lernerfolg, den Sie erringen können.
- Freuen Sie sich auf eine Belohnung, die Ihnen winkt, wenn Sie mit dem Lernen fertig sind.
- Machen Sie sich klar, dass Sie den Lernstoff erfolgreich lernen und nachhaltig behalten wollen/werden.
- Gehen Sie konstruktiv mit Schwächen beim Lernen um.
- Verdeutlichen Sie sich erneut: Fehler stellen ein natürliches Feedback dar.
- Ärgern Sie sich nicht über zurückliegende Misserfolge, sondern starten Sie neu durch.
- Gehen Sie angstfrei ans Lernen.
- Trinken Sie noch einen Schluck Wasser.
- Stellen Sie die Musik ab und konzentrieren Sie sich nun auf den Lernstoff.
- Verschaffen Sie sich zunächst einen Überblick über die zu lernenden Inhalte und gehen Sie dann erst an die Details.
- Lassen Sie sich jetzt von nichts und niemandem ablenken.

Beachten Sie: Alles was beim Lernen Freude macht, unterstützt die Arbeitsweise des Gehirns. Eine stressfreie Lernatmosphäre führt zu einem besseren Lernerfolg. Angst dagegen ist der größte Feind beim Lernen.

Das bringt Sie weiter **Literatur:** Chevalier, B.: Effektiver lernen --- Schwebke, F. R.: Der Weg zum Superhirn
IR: Lernen Pohl

2.11 | Legen Sie regelmäßig Lernpausen ein

Regelmäßig eingeplante Lernpausen erhalten »lern-fit« und steigern die Nachhaltigkeit des Behaltens.   Nutzen

Regelmäßige Unterbrechungen der Lernarbeit/des Studiums erhöhen ebenfalls den Lernerfolg maßgeblich. Pausen sind keine Zeitverschwendung, sondern erhöhen den Arbeitserfolg! Werden keine Lernpausen eingehalten, werden die schon gespeicherten Informationen durch neue Informationen verdrängt. Tatsache ist: Beim Lernen von Fakten ist nach 45 Minuten Schluss. Dann geht erfahrungsgemäß gar nichts mehr.

Sie können folgende Pausentypen unterscheiden:
- Nach Bedürfnis = Etwa 10 Minuten kurze Unterbrechung des Lernens. Sie verlassen den Arbeitsplatz nicht, atmen einmal tief durch, schließen kurz die Augen, denken an Angenehmes.   Pausentypen
- Alle 25 Minuten = Pause von etwa 5 Minuten = Kleine »Atempause«.
- Alle 1 bis 2 Stunden = Cirka 20 Minuten Erholungspause.
- Alle 3 bis 4 Stunden = Große Erholungspause, ca. 1 bis 1,5 Stunden Pause.

Ihr Körper sendet Ihnen Signale, wenn er eine Pause benötigt:
- Gedanken, die in eine ganz andere Richtung schweifen.   Signale
- Gähnen.   des Körpers
- Ein Verlangen, sich zu recken und zu strecken.
- Ein Seufzer.
- Durst.
- Appetit auf einen kleinen Imbiss oder etwas zu Trinken.
- Das Bedürfnis, die Toilette aufzusuchen.

Gönnen Sie Ihrem Körper die Pause.
Was man in einer Lernpause erledigen kann: Tee aufgießen – Obst essen – an die frische Luft gehen – sich entspannen – Musik hören – sportliche Übungen machen – Fahrrad fahren – den Garten bewundern – Einkäufe tätigen etc.

Folgende Daumenregel sollten Sie beachten: Lernen Sie nicht mehr als insgesamt 5 bis 8 Stunden am Tag.

Medien: Rückriem, G.: Techniken wissenschaftlichen Arbeitens, CD-ROM,   Das bringt
    ISBN 3-589-21409-0   Sie weiter
IR: Lernen Pause

2.12 | Der gut geplante Lerntag – ein Beispiel

Nutzen
Jeder gute Lerntag ist wertvoll, jeder schlechte ein verlorener Tag. Gute Planung lohnt sich!

Ein Vormittag kann etwa so geplant werden (Der Nachmittag kann entsprechend geplant werden):

Beispiel für einen
Lernvormittag

Zeiteinheit	Aktivität
08:00–08:25	1. Lerneinheit
08:25–08:30	Kleine »Atempause«
08:30–08:55	2. Lerneinheit
08:55–09:00	Kleine »Atempause«
09:00–09:25	3. Lerneinheit
09:25–09:30	Kleine »Atempause«
09:30–09:55	4. Lerneinheit
09:55–10:20	Kleine Erholungspause
10:20–10:45	5. Lerneinheit
10:45–10:50	Kleine »Atempause«
10:50–11:15	6. Lerneinheit
11:15–11:20	Kleine »Atempause«
11:20–11:45	7. Lerneinheit
11:45–13:00	Mittagspause/Große Erholungspause

Tagesrhythmus
Beachten Sie bei der Tagesplanung unbedingt Ihren biologischen Tagesrhythmus. Allgemein gilt, dass der Rhythmus gegen 06:00 beginnt, im Laufe des Vormittags ein Höhepunkt erreicht ist und gegen Nachmittag/Abend eine deutliche Abflachung eintritt. Der Rhythmus wird vom Gehirn durch die Ausschüttung von Stoffen gesteuert, die beispielsweise den Puls anregen oder im Gegensatz die Müdigkeit verstärken.

Der Rhythmus ist aber von Mensch zu Mensch unterschiedlich. Deswegen ist es wichtig, seinen eigenen Rhythmus zu erfahren und sicher hilfreich, diesen aufzuschreiben.

Das bringt
Sie weiter
Literatur: Kugemann, W. F. u.a.: Lerntechniken
IR: Lernpause

2.13 | Finden Sie Ihren eigenen Rhythmus

Suchen Sie Ihren eigenen Lern- und Arbeitsrhythmus und nutzen Sie insbesondere die für Sie guten Arbeitsphasen!

Nutzen

Im Verlauf des Tages ist jeder Mensch unterschiedlich leistungsfähig. Viele Menschen haben gerade am Vormittag ein Leistungshoch und am frühen Nachmittag ein Leistungstief. Viele denken dann, dieses Leistungstief am frühen Nachmittag mit einer Tasse Kaffee beseitigen zu können. Möglicherweise wird das Leistungstief dadurch aber nur noch schlimmer, insbesondere dann, wenn Sie zu viel Kaffee trinken.

Leistungskurve

Am späten Nachmittag kommt es dann zu einem erneuten Leistungshoch, welches kontinuierlich bis Mitternacht absinkt. Die konkrete Leistungskurve jedes Menschen ist aber individuell. Wenn Sie also morgens absolut nicht in der Lage sind, etwas in Ihrem Kopf zu speichern, so legen Sie ihre Lernzeiten auf nachmittags und abends. Finden Sie durch Aufschreibung selber heraus, wie Ihre individuelle Leistungskurve verläuft. Das Tief am Mittag lässt sich verringern, indem Sie beispielsweise bei der Mittagsmahlzeit darauf achten, wenig und lediglich leichte Speisen zu sich zu nehmen oder sich 20 Minuten an der frischen Luft bewegen.

Näheres zu der Wirkung von Koffein: Koffein hat vermutlich einen positiven Einfluss auf bestimmte Hirnregionen, die für Gedächtnis und Konzentrationsvermögen bedeutend sind. Koffein ist also nicht nur ein »Muntermacher«, sondern beeinflusst Reaktionsvermögen und Kurzzeitgedächtnis positiv.

Essen und Trinken

Welche leichten Speisen empfehlen sich: Salat und Nudeln beispielsweise sind leicht und liefern die zum weiteren Arbeiten notwendige Energie. Ebenso Äpfel, Trauben, Orangen, Kiwis etc. Empfehlenswert ist auch Joghurt, warum nicht einmal natur? Wie wäre es mit einer Tasse Hühnerbrühe oder Tomatensuppe? Oder Spaghetti mit Thunfisch, Schafskäse und Olivenöl?

Wichtig ist vor allem Wasser, und zwar viel Wasser. Das Gehirn benötigt nämlich jede Menge an Wasser, um seine vielfältigen Aufgaben zu erledigen. Beginnen Sie deshalb jede Lernsitzung mit einem großen Glas Wasser und trinken Sie viel Wasser oder Früchtetee zwischendurch.

Literatur: Heßmann-Kosaris, A.: Kaffee
IR: »Biologische Rhythmen«

*Das bringt
Sie weiter*

2.14 | Lernen Sie differenziert

Nutzen **Nicht nur Sie, sondern auch Ihr Gehirn mag keine Monotonie. Sorgen Sie für Abwechslung beim Lernen!**

Einzelne Bereiche im Gehirn müssen von Zeit zu Zeit auch mal zur Ruhe kommen können, um etwa Informationen (nach-) zu verarbeiten. Planen Sie Ihr Lernprogramm deshalb abwechslungsreich, damit bestimmte Bereiche im Gehirn zur Ruhe kommen können, während andere Bereiche arbeiten. Differenzieren Sie Ihr Lernprogramm nach Inhalten und Methoden.

Beispiele Nach dem Lernen von z. B. Vokabeln sollten Sie etwas anderes lernen, etwas deutlich Abweichendes, damit das Gehirn beides unterscheiden kann und unterschiedliche Bereiche im Gehirn tätig werden können:

- Übungsaufgaben rechnen.
- Neue Texte aus der Fachliteratur vorbereiten.
- An einer Präsentation weiterarbeiten.
- Mitschriften auswerten.
- Mind Maps erstellen.
- Formeln nachrechnen.
- Lernkarten erstellen.
- Texte korrigieren.
- Literatur in der Bibliothek recherchieren.
- Rollenspiele vorbereiten.
- Bilder für eine Vokabelliste zusammenstellen.
- Themen mittels einer Suchmaschine nachschlagen.
- Experimente vorbereiten.
- Fragebogen ausfüllen.
- Schaltungen nachvollziehen.
- Übungsaufgaben ausdenken.
- Wichtige Passagen in einem Buch markieren.

Lernhäppchen Nutzen Sie auch unterschiedliche Sinne und Lernwege. Je abwechslungsreicher Sie vorgehen, umso besser behalten Sie den Lernstoff. Es ist ökonomischer, den Lernstoff in kleine Teile zu zerlegen und sukzessive zu lernen, als an einem Stück.

Das bringt Sie weiter **Literatur:** O.V: Das große Buch der LERNTECHNIKEN
IR: »Strukturiert lernen«

2.15 | Reduzieren Sie die Lernanstrengung strategisch

Warum sich das Lernen schwer machen, wenn Lernen auch viel einfacher geht?   Nutzen

Wählen Sie geeignete Lernstrategien: Lernstrategien

- Eine Grundstrategie besteht in der Verknüpfung von neuen Informationen mit bereits bestehendem Wissen. Sie lernen die englische Vokabel für »einwickeln« = to wrap. Sie wissen, dass die köstlichen Snacks, bei denen z. B. Gemüse in Teig eingerollt ist, Wraps heißen. Die englische Vokabel wird nun als Wortbedeutung an dieses bestehende Wissen angehängt.
- Reduzieren Sie die Informationen durch Bezüge zu bereits gespeicherten Informationen. Bsp.: Merken Sie sich die Vokabel inter = »zwischen« durch den Bezug zu der Bahnverbindung »Intercity« – »zwischen Städten«.
- Eigentlich selbstverständlich: Merken Sie sich bei einem Quiz nicht die Buchstaben N R N E L E sondern in anderer Sortierung das Wort »Lernen«.
- Nutzen Sie Bilder und stellen Sie sich den zu lernenden Stoff z. B. in einer Filmszene vor. Sie lernen beispielsweise die englische Vokabel für »Kürbis = pumpkin« und denken an die Kürbisse, die Sie im Urlaub auf der Kürbisausstellung bewundert haben.
- Erfinden Sie einen Reim zu dem Inhalt, den Sie lernen sollen.
- Nutzen Sie Analogien, z. B. wenn Sie den Namen von Herrn Raabe behalten wollen, denken Sie an Stefan Raab, der ein »e« in der Hand hält.
- Teilen Sie Zahlen in Gruppen auf, dann sind sie leichter lernbar, also statt 45674568 besser 45 67 45 68.
- Überlegen Sie, ob Sie sich mit einem besonderen Trick bzw. einer besonderen Methodik das Lernen erleichtern können.
  Aufgabe: Prägen Sie sich die Summe der Zahlen von 1 bis 99 ein.
  Lösung: Merken Sie sich 49 Blöcke, die jeweils 100 ergeben: $1 + 99$, $2 + 98$, $3 + 97$ … $49 + 51$. Dann fehlt nur noch die 50. Addieren Sie $49 \times 100 + 50 = 4950$.
- Gliedern/Strukturieren Sie den Lernstoff geeignet und lernen Sie vom Allgemeinen zum Speziellen. Nutzen Sie Wissensstrukturen, die Sie bereits im Gehirn vorliegen haben.
- Nutzen Sie Mind Maps (Gedankenkarten, Wissenskarten), um den Stoff geeignet aufzubereiten und nachhaltiger einzuprägen.
- Sprechen Sie mit anderen Studierenden über den Lernstoff.

Literatur: Lefrancois, G. R.: Psychologie des Lernens
IR: Lernstrategie   Das bringt
Sie weiter

2.16 | Lernen »auf der Bettkante«

Nutzen
Der Lernstoff, den Sie abends auf der Bettkante bearbeiten, prägt sich besonders gut ein.

Experiment
»Unbewusste Lernleistungen lassen sich über Nacht deutlich steigern. Robert Stickgold von der Harvard-Universität ließ zum Beispiel seine Versuchspersonen in einem regelmäßigen Strichmuster auf einem Bildschirm Unregelmäßigkeiten entdecken. Um das Ganze möglichst wenig bewusst ablaufen zu lassen, wird der Bildschirm so positioniert, dass er am Rand des Gesichtsfelds liegt. Stickgolds Ergebnis: Üben die Probanden tagsüber, dann wird ihre Reaktionszeit immer kürzer, sie »entwickeln eine Lernkurve«. Wenn sie anschließend eine Nacht lang schlafen, dann ist am nächsten Morgen ihre Leistung sprunghaft angestiegen – so als hätte das Gehirn in der Nacht weitergeübt! Der Effekt lässt sich auch Tage nach dem Versuch noch nachweisen. Hindert man die Versuchspersonen dagegen am Schlafen in der ersten Nacht, so bleibt der Lerneffekt aus – unwiderruflich, der Schlaf lässt sich auch in der zweiten Nacht nicht »nachholen«. Offenbar ist der Schlaf unmittelbar nach der Übung entscheidend für den Lernerfolg.« (Drösser 2002). Insofern ist es effizient, besonders schwierige Lerninhalte – aber nicht zu viele – sich nochmals vor dem Schlafengehen einzuprägen.

Deshalb ist das Lernen/Wiederholen vor dem zu Bett gehen geboten. Es gilt: Lerninhalte, die vor dem Schlafen gehen eingeprägt wurden, behalten Sie in der Regel länger als solche, die Sie sich sofort nach dem Aufwachen einprägen. Diese werden häufig durch andere Erkenntnisse verschüttet. Wiederholen Sie insbesondere die Lerninhalte »auf der Bettkante«, die Sie sich am Tag nicht oder nur teilweise einprägen konnten. Nach dem Lernen »auf der Bettkante« sollten Sie jedoch nicht noch etwas anderes unternehmen, weil jeder andere, starke Eindruck, jede andere Tätigkeit das Gelernte wieder überdecken kann. Verhalten Sie sich ruhig und entspannt und lassen Sie Ihr Gehirn in Ruhe die neuen Fakten verarbeiten, während Sie schlafen.

Das gilt übrigens grundsätzlich für das Lernen: Wesentlich ist nicht der aktive »Lernvorgang« des Lesens, Bearbeitens etc., sondern die Einspeicherung. Damit diese besser gelingt, sollten Sie nach einer intensiven Lernphase nichts mehr tun oder am besten sogar schlafen.

Das bringt
Sie weiter
Literatur: Drösser, C.: Wissen in den Kissen
IR: Lernen lernen --- Lernen auf der Bettkante

2.17 | Nutzen Sie die Kniffe der Mnemotechnik

Die Mnemotechnik ist eine bereits seit dem Altertum erprobte Methode, um das Auswendiglernen leichter zu machen.

Nutzen

Unter der Mnemotechnik sind Methoden zu verstehen, um das Auswendiglernen leichter zu machen, also Merk- oder Gedächtnishilfen, die bereits den alten Griechen bekannt waren. Das Wort »Mnemo« kommt aus dem Griechischen und bedeutet »Gedächtnis«. Unterschieden werden vor allem folgende Methoden:

■ Lernen mit Assoziationen, Bildern, Geschichten,
■ Schlüsselwortmethode,
■ Locimethode,
■ Kettenmethode,
■ Zahlen-Symbol-Methode.

Methoden

Mit diesen recht einfachen Methoden sind Sie in der Lage, Ihre Lern- und Gedächtnisleistung um ein Vielfaches zu steigern. Mnemotechniken dienen dazu, Lerninhalte gehirngerecht zu verpacken, sodass sie später mit Leichtigkeit, vielleicht sogar spielerisch, wieder abgerufen werden können.

Die aus den Medien bekannten Gedächtniskünstler benutzen in der Regel diese Methoden. Um die Bedeutung der Möglichkeiten dieser Methode zu ermessen, sei an dieser Stelle darauf hingewiesen, dass der Weltrekord bezüglich des Merkens der Nachkomastellen der Kreiszahl Pi (= 3,141 592 653 589 793 238 462 643 383 279 502 884 197 169 399 375 105 820 974 944 592 307 816 406 286 208 998 628 034 825 342 117 067 9: die letzte Ziffer ist aufgerundet) auf 100.000 Ziffern steht. Die Profis nutzen hierbei das weiter unten beschriebene Mastersystem. Trotz dieser erstaunlichen Leistung ist in der Regel nur wenig Übung notwendig, um die Verfahren anwenden zu können.

Methoden der Profis

Mittels der Mnemotechnik werden die Inhalte gehirngerecht aufbereitet. Gehirngerecht bedeutet, dass das Gehirn optimal eingesetzt wird, weil beide Gehirnhälften beim Lernen genutzt werden. Dadurch ergeben sich wesentliche Synergieeffekte. Im Rahmen der Mnemotechnik schaffen Sie insbesondere Bezüge zu vorhandenem Wissen. Und Sie elaborieren und memorieren die Inhalte. Die Methoden werden im Folgenden differenziert und einzeln erläutert.

Gehirngerechte Aufbereitung

Literatur: Miltner, F. u.a.: Gedächtnis-Training für den Job
IR: Mnemotechnik --- Mnemo

Das bringt Sie weiter

2.18 | Leichter lernen mit Wort-Assoziationen

Nutzen Mit Assoziationen (Gedankenverknüpfungen) lernen Sie schneller und behalten z. B. Fakten, Vokabeln, Rechenregeln besser.

Verknüpfungen Assoziationen/Verknüpfungen/Bezüge sind Verbindungen von Informationen, insbesondere zu bereits bestehenden Informationen. Die Assoziationstechnik macht es sich zunutze, dass mit dem Auftreten einer Information A häufig die Erinnerung an die verknüpfte Information B aktiviert wird. Sie lernen besonders schnell und besonders gut, wenn Sie möglichst viele Assoziationen/Verknüpfungen/Bezüge herstellen.

Assoziationen treten häufig unbewusst auf. Ein bestimmter Geruch, Klang etc. erinnert Sie plötzlich an Ihre Kindheit. Nutzen Sie dieses bewusst: Verbinden Sie neues Wissen mit bereits im Gedächtnis abgelegten Informationen.

Beispiel **Lernen von Vokabeln fällt so leichter:**
- Bei »confirmation = Bestätigung im Geschäftsverkehr« fällt mir »Konfirmation = Bestätigung des Glaubens« ein. So einfach und einprägsam ist das.
- Die lat. Vokabel »dividere = teilen« lässt sich mit dem aus der Mathematik bekannten Begriff »Division« verbinden.
- Die lat. Vokabel »allere = ernähren, fördern« prägt sich über die Marke »Alete« (Babynahrung) ein.
- Das »Mandat« kommt von »mandare = anvertrauen«.

Ähnlich klingende Worte Häufig wird dieses Vorgehen auch als Schlüsselwortmethode bezeichnet. Dabei wird zum Erlernen eines fremdsprachigen Wortes ein ähnlich klingendes Wort in der Muttersprache genutzt.

Entscheidend ist manchmal die Originalität der Assoziationen. Besonders gut geht hier natürlich Sex & Crime. Schrecken Sie nicht vor sehr emotionalen Assoziationen zurück, die Merkleistung bei gefühlvollen wird beachtlich steigen, ebenso bei sehr fantasievollen Assoziationen.

Bilden Sie Assoziationen, über die Sie herzlich lachen können. Mein Lateinlehrer hat mir »cubare = lat. liegen« mit dem Bild einer Kuh, die auf der Bahre liegt, vermittelt.

Das bringt Sie weiter **Literatur:** Karsten, G.: Erfolgsgedächtnis
IR: Assoziationstechnik --- Assoziation Lernen --- Schlüsselwortmethode

2.19 | Bilder und Geschichten prägen sich besser ein

Zahlen und Fakten lassen sich leichter lernen und erinnern, wenn man sie mit Bildern assoziiert oder eine Geschichte um sie spinnt.   Nutzen

»Auch ein Professor muss mal zum Friseur. Und seinen Kühlschrank abtauen. Und seine Aktentasche unbedingt mitnehmen. Nur: Wie soll man sich all das merken? Zumal, wenn man wie Werner Heister beim Joggen kein Notizbuch zur Hand hat? Der grübelnd dahintrabende Professor für Betriebswirtschaft kannte eine Lösung: »Ich hab' mir einfach einen Kühlschrank vorgestellt, in dem eine Aktentasche steht und aus der Haare herausquellen.« Klingt komisch, ist aber effektiv. »An das Bild kann ich mich heute noch erinnern …« so kommentierte Holger Hintzen in der Rheinischen Post.   Notizen

Stellen Sie sich das, was Sie sich merken wollen, bildlich vor. Auf Ihrer Einkaufsliste steht beispielsweise Batterie, Käse, Zahnpasta und Schwarzbrot. Dann könnte ein Bild wie folgt aussehen: Eine Batterie ist in Käse eingewickelt und mit Zahnpasta verziert. Dieses kleine Päckchen liegt auf einer Scheibe Schwarzbrot.   Einkaufsliste

Je doller, desto besser. Unser Gehirn kann sich bunte, skurrile, auffällige Bilder/Geschichten besonders gut merken. Beißen Sie gedanklich in diese Stulle rein, so merken Sie sich die Liste noch besser!

Vor kurzem war ich wieder joggen. Und es fielen mir wieder einige wichtige Aufgaben ein. Nach kurzer Zeit erinnerte ich mich etwa, dass ich mir noch die Internetseite einer Hotelkette näher anschauen wollte. Also platzierte ich ein Hotel vor meinem geistigen Auge. Dann fiel mir einige hundert Meter weiter ein, dass ich gleich noch mein Diktiergerät einpacken müsste. Also stellte ich es in Übergröße kurzerhand in die Eingangstür des Hotels. Außerdem wartet ein Buch darauf, abgeholt zu werden. Sobald mir dies in den Sinn kam, lies ich das Buch aus der Kassettenklappe des Diktiergerätes herausragen. Etwas später erinnerte ich mich an einen Kollegen, dessen Internetseiten ich mir gerne einmal anschauen wollte. Also lies ich ihn unter dem Buch als eine Art Buchstütze seine Arbeit tun. Dann kam mir in den Sinn, dass ich einem Studierenden versprochen hatte, ein Buch mitzubringen. Da der Kollege »Buchstütze« recht kleinwüchsig geraten ist, stellte ich ihn einfach auf einen Stapel dieser Bücher. Der schönste Gedanke war der an mein neues Auto, welches gerade bestellt war. Ich hatte einer lieben Kollegin versprochen, ihr ein Bild zu mailen. Ab diesem Zeitpunkt fuhr vor meinem geistigen Auge mein Auto stetig hin und her. Aber da war ja noch die freundliche Studentin, die auf eine Bewertung Ihrer Gliederung wartete. Also lies ich diese im Fenster des Hotels – nach der E-Mail schreiend – auftauchen. Super, sieben Sachen – ganz einfach gemerkt – und sie haben sicher schon erkannt, ich kann Ihnen diese Sachen heute noch aufschreiben, unzählige Tage, nachdem ich sie mir ausgedacht habe.   Beispiel

Ohne jede Anstrengung. Unproblematisch. Ein perfekter Trick. Und Wochen später: Das Bild kann ich immer noch jederzeit perfekt abrufen.

Beispiel Als Musterbeispiel wird immer wieder die folgende Geschichte herangezogen:
Ein Zweibein saß auf einem Dreibein und aß ein Einbein.
Da kam ein Vierbein und stahl dem Zweibein das Einbein.
Daraufhin nahm das Zweibein das Dreibein und warf es nach dem Vierbein.

Bilder Mensch = Zweibein.
Hocker = Dreibein.
Hähnchenkeule = Einbein.
Hund = Vierbein.

Übung Üben Sie es auch einmal: Verarbeiten Sie ein Buch, einen Stift, eine Flasche Wein, einen Ordner, einen Reisekoffer, Zahnpasta und eine Mütze zu einer Geschichte. Viel Erfolg! Sie werden merken: Lernen mit Bildern und Geschichten macht viel mehr Spaß! Sie lernen leichter und behalten nachhaltiger! Übrigens: Mit Fantasie und Kreativität halten wir unser Gehirn fit. Regelmäßiges Training ist dabei wichtig. Wir gewährleisten damit insbesondere, dass die Verbindungen zwischen rechter und linker Gehirnhälfte besser funktionieren.

An dieser Stelle ist es gut, einmal die Arbeitsweise von Computern mit der Arbeitsweise des Gehirns zu vergleichen. In einem Computer werden die Informationen hintereinander abgelegt. Jede Information bekommt dabei einen eindeutigen Speicherplatz. Das menschliche Gehirn arbeitet aber anders. Es legt die Informationen in einem »assoziativen« Speicher ab und stellt ständig Bezüge (Assoziationen) zu verschiedenen anderen Informationen her.

Das bringt Sie weiter **Literatur:** Birkenbihl, V.: Trotzdem Lehren
IR: »Assoziativ Denken«

2.20 | Lernen Sie mit Filmszenen

Lernen Sie Fachinhalte spielerisch und behalten Sie diese nachhaltig! **Nutzen**

Sie vergessen dauernd die 7 Einkunftsarten des deutschen Steuerrechts:

- Einkünfte aus Land- und Forstwirtschaft (1),
- Einkünfte aus Gewerbebetrieb (2),
- Einkünfte aus selbstständiger Arbeit (3),
- Einkünfte aus unselbstständiger Arbeit (4),
- Einkünfte aus Kapitalvermögen (5),
- Einkünfte aus Vermietung und Verpachtung (6),
- Sonstige Einkünfte (7).

Mittels einer Filmszene, die ich mir spielerisch, ja kinderleicht einge- **Filmszene**
prägt habe, ist das kein Problem mehr: Ein Flugzeug fliegt über ein
Waldstück, erreicht den Waldrand und schwebt über herbstliche Felder
hinweg (1), bis ein schönes Fabrikgebäude am Horizont auftaucht (2).
Das Flugzeug nähert sich und der Blick fällt auf den Eingang des Fab-
rikgebäudes. Ein Unternehmensberater ist mit seinem schwarzen BMW
vorgefahren (3) und geht auf eine Menge von Menschen – Arbeiter – zu,
die wild gestikulierend auf ein Nebengebäude zeigen (4). Dort badet
gerade der Chef des Unternehmens in seinem Geldspeicher, so wie einst
Dagobert Duck (5). Von dem Geldspeicher sieht man auf ein hübsches,
aber sehr großes Mietshaus (6). Dort isst die geschiedene Ehefrau des
Fabrikbesitzers mit ihren Kindern auf dem Balkon zu Abend (7 = Ali-
mente).

Probieren Sie es selber: Wählen Sie Inhalte aus Ihrem Fachgebiet und **Übung**
binden Sie diese in eine Filmszene ein. Zum Abrufen der Fachinhalte
rufen Sie sich die Filmszene auf und es wird Ihnen spielend einfach
gelingen, die Fachinhalte zu nennen, wenn die Filmszene sozusagen
vor Ihrem inneren geistigen Auge abläuft. Sie werden merken, dass die
Techniken nicht nur für einfache Merksituationen im alltäglichen Leben
geeignet sind, sondern sich auch auf das Lernen komplexer Fachinhalte
übertragen lassen. Sie behalten übrigens die Filmszenen am besten, die
Sie sich selber ausdenken. Das Ausdenken der Filmszenen ist eine sehr
gute Übung zur Elaboration von Wissen, welches Sie nachhaltig behalten möchten.

Literatur: Stenger, C.: Warum fällt das Schaf vom Baum? **Das bringt**
IR: Lernen Geschichten Bilder **Sie weiter**

2.21 | Nutzen Sie ähnlich klingende Begriffe

Nutzen **Vokabeln lassen sich durch ähnlich klingende Begriffe (Schlüsselwörter) bildlich assoziieren.**

In der Zeitschrift »Geo« gab es in den Ausgaben Ende 2004 eine sehr interessante Serie über »Lernen und Gedächtnis«. Dabei wurde folgende Empfehlung ausgesprochen: Um die englische Vokabel »bile« = Galle zu lernen, stelle man sich einen Mann vor, der wild mit einem Beil durch die Luft fuchtelt. Diesem Mann läuft die Galle über. Es funktioniert prima.

Vokabeln lernen Sie z. B. besonders gut, wenn Sie einen Ihnen bereits bekannten, gleich klingenden Begriff – das Schlüsselwort aus der Muttersprache bildlich assoziieren.

Bildhafte Assoziationen Diese Methode der Mnemotechnik wird auch als Ersatzwortmethode bezeichnet. Ohne es zu wissen, habe ich diese Methode in meinem Studium teilweise intuitiv angewandt: Im Altgriechischen gibt es die Vokabel »ampelos = der Weg«. Beim Lernen habe ich mir eine wunderschöne Gasse vorgestellt, in die ich hineinsah. Gleich am Anfang der Gasse gab es ein Haus, an dem eine hübsche Blumenampel in den Weg hineinragte. Ich habe diese Vokabel nie vergessen und mich oft daran erinnert.

- Die lateinische Vokabel »properare = eilen« assoziiere ich mit dem Propeller.
- Die englische Vokabel »mice = Mäuse« assoziiert man mit einem Maiskolben, an dem Mäuse knabbern.
- Die englische Vokabel »hose = Schlauch« assoziiere ich mit dem Bein einer Hose.
- Die englische Vokabel »duck = Ente« assoziiere ich mit einer Ente, die im Dock (Hafendock) schwimmt.
- Die französische Vokabel »retard = Verspätung« assoziiere ich mit einem Ritter, der verspätet kommt (»retard« klingt so ähnlich wie Ritter).
- Die englische Vokabel »brick = Ziegel« assoziiere ich mit einem Brikett und denke an ein Dach, das mit Briketts gedeckt ist.
- Die englische Vokabel »wand = Zauberstab« assoziiere ich mit einem Zauberer, der eine Wand wegzaubert.

Das bringt Sie weiter **Literatur:** Birkenbihl, V.: Diverse gehirngerechte Sprachkurse – Lernen fast wie nebenbei
IR: »Vokabel lernen leicht gemacht«

2.22 | Binden Sie neue Infos ins bestehende Netz ein

Ein neuer Wissensstoff, der in ein bereits bestehendes Wissensnetz ein-gebunden wird, lernt sich erheblich schneller, leichter und nachhaltiger.   Nutzen

Es ist wesentlich einfacher, Lerninhalte strukturiert zu lernen bzw. zu einer Struktur von Wissen hinzuzulernen. Bauen Sie sich deshalb stets eine Wissensstruktur auf, sozusagen einen roten Faden, an dem Sie an-knüpfen können. Untersuchen Sie, ob eine solche Struktur bereits in Ihrer Wissensbasis vorhanden ist. Entwickeln Sie ansonsten einen roten Faden neu, stellen Sie Regeln auf, bauen Sie ein Modell.

Krankenschwestern, die den »Pflegeprozess« beherrschen, lernen den   Beispiel
Managementprozess. Kein Problem, wenn sie an dem ihnen bekannten Pflegeprozess »andocken«.

Der Pflegeprozess:
- Oberziel/Fernziel,
- Ist-Zustand – Ressourcen = Was kann der Klient selber/Pflegeanam-nese (Anamnese = Krankheitsvorgeschichte),
- Hilfe/Pflegeplan mit konkreten Strategien,
- Pflegeziele/Nahziel,
- Maßnahmen/Durchführung,
- Kontrolle/Veränderung,
- Dokumentation.

Der Managementprozess:
- Oberziel,
- Ist-Analyse/Situationsanalyse,
- Strategie,
- Ziele,
- Maßnahmen/Durchführung,
- Kontrolle/Veränderung,
- Dokumentation.

Der neue Lerninhalt (Managementprozess) ist nahezu deckungsgleich mit vorhandenem Wissen und deshalb leichter und nachhaltiger zu ler-nen. Assoziationen gelingen mühelos.

Literatur: Schwebke, F. R.: Der Weg zum Superhirn   Das bringt
IR: Assoziationen Lernen   Sie weiter

2.23 | Prägen Sie sich Zahlen durch Symbole ein

Nutzen   Merken Sie sich Zahlen/Nummern mit Bildern »merklich« leichter und besser.

Beispiel   Stellen Sie sich mal einen Baum vor. Von diesem Baum fällt eine Sanduhr herab, direkt hinter einen Elefanten. Dieser erschrickt und läuft los. Er rammt einen weiteren Elefanten, der auch vor Schreck losläuft. Auf diesem sitzt ein Schwan und streckt seine fünf »Finger« in die Höhe. Perfekt, aber was bedeutet das, was ist mittels der Geschichte/der Symbole kodiert? Ich habe meine ehemalige Bürotelefonnummer in eine Geschichte gepackt 18 66 25. Zur Entschlüsselung müssen Sie nur wissen, wofür die einzelnen Symbole stehen.

Symbole   **Als Symbole werden häufig genutzt:**
1 = Kerze, Baum
2 = Schwan
3 = Dreizack, Hut
4 = Kleeblatt, Tisch
5 = Hand
6 = Elefant
7 = Fahne, Galgen
8 = Sanduhr
9 = Golfschläge
0 = Ei, Reifen

Die Symbole sind so gewählt, dass sie in einem – in der Regel visuellen – Bezug zu der jeweiligen Ziffer stehen. Die Symbole werden von Ihnen nun in ein Bild oder eine Geschichte eingebaut, und es gelingt Ihnen perfekt, sich die Zahl zu merken. Übung macht den Meister!

Beispiel   Sie sollen die in Köln so wichtige Zahl »4711« lernen. Das geht beispielsweise so: Auf einem Tisch steht eine Fahne und obendrauf zwei Kerzen. Oder: Ein Tisch fällt auf eine Fahne, von der zwei Kerzen runterfallen. Ganz einfach. Auch hier gilt wiederum: Die Geschichten, die Sie sich selber ausdenken, lernen und behalten Sie besser als die Geschichten, die Sie sich nur anlesen. Also los, ab zum Training der Symbole zu den Ziffern!

Das bringt   **Literatur:** Miltner, F. u.a.: Gedächtnis-Training für den Job
Sie weiter   **IR:** Mnemotechnik Zahlenmethode

2.24 | Nutzen Sie das Master-System

Merken Sie sich Informationen wie die Profis und damit durch hohe Professionalität leichter und besser.

Nutzen

Der Grundgedanke des Master-Systems ist die Codierung der einzelnen Ziffern von 0 bis 9 zu Konsonanten. Dabei wird auch auf andere Kniffe wie »Ähnlichkeit« geachtet. Mittels des Master-Systems ist es spielend leicht, sich auch größere Ziffernfolgen etc. zu merken. Das Master-System wird konsequent von den Gedächtnisprofis angewendet.

Zur Nutzung des Master-Systems wird jeder Zahl zwischen 0 und 99 ein Bild/Symbol zugeordnet. Gehen Sie in den nachfolgend skizzierten Schritten vor (Stenger 2004):

1. Schritt: Die Ziffern 0 bis 9 werden Konsonanten zugeordnet:

Zuordnungstabelle

Ziffer	Konsonant	Bemerkung
0	s, z	zero = 0
1	t (oder d)	t sieht aus wie eine 1
2	n	n hat 2 Beine
3	m	m hat 3 Beine
4	r	r = der Endbuchstabe von vier
5	l	l = lateinisches Symbol »50«
6	sch	s = Konsonanten in »sechs«
7	k	k = Am siebten Tag ist Kirche
8	f	f = sieht fast aus wie eine 8
9	p	p = Spiegelbild zu 9

2. Schritt: Damit werden jetzt die Ziffern bis 99 assoziiert.
1 = **T**ee, 12 = **T**a**nn**e, 10 = **T**a**ss**e, 11 = **T**o**d**,

Beispiel

- Erläuterung zu 1: Hier ist nur der Konsonant t enthalten, also wissen Sie, dass die gesuchte Ziffer die 1 ist.
- Erläuterung zu 12: Die Zwölf wird durch die Konsonanten t und n repräsentiert. T steht für 1 und n für die 2, in der Reihenfolge 12. In dem Wort »Tanne« sind die 1 und 2 repräsentiert durch t und n in der entsprechenden Reihenfolge enthalten.
- Erläuterung zur 10: In der Visualisierung »Tasse« sind die Konsonanten t und s in entsprechender Reihenfolge enthalten, t und s ergeben 1 und 0 also 10.
- Erläuterung zu 11: In der Visualisierung »Tod« sind die Konsonanten t und d in entsprechender Reihenfolge enthalten, t und d ergeben 1 und 1 also 11.

Literatur: Stanek, W. u.a.: Gedächtnistraining
IR: »Master System« --- www.zmija.de/pi.htm

Das bringt
Sie weiter

2.25 | Merken Sie sich historische Daten professionell

Nutzen Behalten Sie historische Daten gut und nachhaltig im Gedächtnis.

Das Master-System Das Master-System ist bestens dazu geeignet, historische Daten zu lernen und nachhaltig abzuspeichern:

Beispiele 1781 entsteht in Frankreich die Aufklärung. Benutzen wir das Master-System aus Stenger (2004): Für die 17 steht eine Theke, die 81 wird mit Fete assoziiert. Die Aufklärung muss nun kreativ mit der Theke und der Fete verbunden werden, z. B.: Sie stehen in Paris in einer gemütlichen Kneipe an der Theke, der Raum ist leer, Sie schauen durch ein Fenster auf einen Platz, wo viele Menschen eine Fete feiern und Fähnchen mit der Schrift »aufgeklärt« schwenken.

Albert Einstein wurde 1879 geboren. Die 18 wird durch die Taufe, die 79 durch eine Kappe visualisiert. Passt perfekt: Albert Einstein liegt als Erwachsener im Taufbecken. Der Pastor nimmt eine Kappe ab und schüttet das Weihwasser über seinen Kopf.

Der Kölner Dom wurde im Jahr 1248 erbaut. Die 12 wird durch eine Tanne visualisiert. Die 48 wird mit »Reif« visualisiert. So gelingt ein Gesamtbild für 1248 beispielsweise mit einer Tanne, die für den Bau des Doms gefällt wird, die aber von Hula-Hupp-Reifen umrundet wird. Unter dem Baum hat der Dombaumeister einen Plan für den neuen Dom in der Hand.

Anwendung Diese Lernmethode ist sehr praktisch. Sie vergessen in Zukunft nicht, wann

- Ihre Schwiegermutter Geburtstag hat,
- Ihr Patenkind geboren ist,
- Sie Ihr Abitur gemacht haben,
- Ihre Kinder geboren sind,
- Sie Ihre Partnerin kennen gelernt haben,
- Sie umgezogen sind,
- Ihr Hauskredit ausläuft,
- Sie in Rente gehen,
- Sie den Führerschein gemacht haben,
- Ihr Chef geboren wurde.

Das bringt Sie weiter **Literatur:** Stenger, C.: Warum fällt das Schaf vom Baum?
IR: »Historische Daten lernen«

2.26 | Merken Sie sich Namen mittels Assoziationen

Namen von Menschen assoziativ lernen und besser behalten – ein Bild sagt mehr als 1000 Worte. Nutzen

Kennen Sie das? Sie sitzen in einer Besprechung und Ihnen fällt der Name eines Gesprächspartners nicht mehr ein. Sie treffen einen Bekannten auf der Straße und wissen seinen Namen plötzlich nicht mehr.

Bei mir war es so: Gestatten, Haberland. So oder ähnlich war unsere erste Begegnung. Herr Haberland war einer der sehr geschätzten Studierenden an der Hochschule. Aber »Haberland« ist ja kein Allerweltsname. Also habe ich mir mit einem Bild geholfen. In meiner Heimatstadt Bonn gibt es auf meinem Busweg zur Universität eine Bushaltestelle »Haberlandhaus«, ein Studentenwohnheim. Über diese Verknüpfung konnte ich mir den Namen perfekt und schnell merken. Beispiele

Anfangs habe ich bei der Suche nach seinem Namen stets das Bild dieses Studentenwohnheims abgerufen. Über das Bild fiel mir sein Name ein. Ich habe übrigens in einer Veranstaltung von diesem Trick erzählt. Mein geschätzter Kollege Kreuzer hat Herrn Haberland scherzhaft als »Herr Bushaltestelle« angeredet – perfekt. Es geht auch ähnlich oder einfacher bei vielen Namen:

- Klaus Höhnerbach – H(ü)öhner im Bach.
- Fr. Wild – die Tiere im Wald.
- Hr. Einbrodt – der Herr, ein Brot in der Hand tragend.
- Fr. Sonnenschein – ist stets hell umstrahlt.

Bilder bleiben einfach besser und nachhaltiger im Gedächtnis haften.

- Möglicherweise gelingt es, einen längeren Namen zu zerlegen. Aus dem Nachnamen »Flugheim« wird zum einen der Flug des Flugzeugs und zum anderen »Heim« im Sinne von Zuhause oder im Sinne von Vereinsheim. Stellen Sie sich also vor, dass Sie sich einem Segelflugplatz nähern und auf das Vereinsheim des Clubs schauen. Tipp
- Kennen Sie eine andere Person mit gleichem Vornamen. Dann stellen Sie die beiden Personen vor Ihrem geistigen Auge nebeneinander.
- Stellen Sie sich Herrn Müller vor einer Mühle vor.

Literatur: Karsten, G.: Erfolgsgedächtnis
IR: »Namen behalten« Das bringt
Sie weiter

2.27 | Lernen Sie meisterhaft mit der Locimethode

Nutzen **Informationen leichter merken, bei denen es auf Vollständigkeit, Korrektheit und die genaue Reihenfolge ankommt.**

Der Name der Methode ist von »locus (lat.) = Ort« abgeleitet, das Vorgehen schnell erläutert. Häufig wird die Methode auch als »Routenmethode« bezeichnet. Wählen Sie einen Ihnen bekannten Weg aus. Für jeden zu lernenden Inhalt wird darauf ein Platz reserviert. Die Begriffe, die Sie sich merken wollen, werden dort abgelegt/vorgestellt. Viele der aus Fernsehen und der Presse bekannten Gedächtniskünstler bedienen sich dieser Methode, um sich lange Reihen an Namen, Orten, Begriffen, Zahlen und Ziffern zu merken.

Historie In der Antike war diese Methode sehr verbreitet. Nach einer Legende ist die Loci-Methode erfunden worden, als der Teilnehmer einer Feierlichkeit kurz das Festhaus verlassen musste. Während seiner Abwesenheit stürzte das Haus ein und begrub alle Insassen unter sich. Anschließend musste der einzige Überlebende die unkenntlichen Leichen identifizieren. Er stellte sich die Szene am Tisch kurz vor dem Einsturz vor und konnte so perfekt zuordnen, welche der unkenntlichen Leichen zu welcher Person gehörten.

Beispiel zur Loci-Methode Nehmen wir etwa Orte zwischen Hamburg und Köln. Jeder Ort wird mit Wissensinhalten belegt, z. B. Teile eines Marketingkonzeptes:

Ort	Wissensbaustein
Hamburg	Vision
Bremen	Situationsanalyse
Osnabrück	Strategie
Münster	Ziele
Wuppertal	Instrumente
Köln	Kontrolle

In Hamburg stellen Sie sich einen visionären Marktschreier vor. In Bremen ist Stau wegen einer Befragung an der Autobahn, und in Osnabrück wird ein Strategiespiel abgehalten. Bei einer Prüfung gehen Sie die Autofahrt im Geiste durch und erinnern sich perfekt an die Inhalte. Diese Methode nutzen viele Gedächtniskünstler. Nutzen Sie verschiedene Routen, damit es nicht zu Überlagerungen kommt.

Das bringt Sie weiter **Literatur:** Metzig, W. u.a.: Lernen zu lernen
IR: Loci-Methode

2.28 | Nutzen Sie die Ketten-Methode

Prägen Sie sich eine Liste von Begriffen mittels der Ketten-Methode ein!   Nutzen

Bei der Ketten-Methode geht es darum, die zu lernenden Begriffe wie die Glieder einer Kette so aneinander zu hängen, dass die richtige Reihenfolge erhalten bleibt.

Bei der Ketten-Methode werden Bilder zu den zu lernenden Informationen miteinander verbunden. Die erste Information wird vor dem geistigen Auge möglichst visuell, bunt, übertrieben, lebendig, schrill etc. vorgestellt. Die zweite Information wird ebenfalls visualisiert und mit viel Fantasie mit der ersten verknüpft. Ebenso wird die dritte Information visualisiert mit der zweiten verbunden. So geht es weiter.

Nehmen wir an, die TOP-Standard-Softwareunternehmen seien 1. SAP –   Beispiel
2. Microsoft – 3. Oracle. Die könnte ich mir wie folgt bestens merken:

- Ich fahre nach Walldorf zu SAP.
- Dort sehe ich eine Mitarbeiterin, die in Microsoft Word arbeitet.
- Sie erstellt einen Bericht über den Konkurrenten Oracle.

Oder die Konsumausgaben der privaten Haushalte nach Verwendungszwecken seien der Reihenfolge nach Wohnen, Verkehr, Nachrichtenübermittlung, Nahrung, Einrichtungsgegenstände und Bekleidung. Für einen Vortrag möchten Sie sich genau diese Reihenfolge merken. Die Kette: In meiner Wohnung schaue ich aus dem Fenster auf eine Straße, auf der ein kleiner Lastwagen mit großer Funkantenne steht. Der Fahrer des Wagens schaut in eine Einkaufstüte mit Lebensmitteln, in der ein aus Schokolade nachgebildeter Schrank liegt. Die Schokolade schmilzt und tropft auf Strümpfe.

Die Ketten-Methode können Sie erfolgreich einsetzen bei: Anwendung
- Vorträgen, freien Reden – anstatt eines Stichwortzettels,
- Argumenten – z.B. in einem Gespräch mit dem Chef,
- Antworten zu Prüfungsfragen,
- Einkaufszetteln,
- Checklisten,
- Listen von Dingen, die Sie zu jeder Reise mitnehmen,
- einfach nur als Gedächtnistraining.

Literatur: Metzig, W. u.a.: Lernen zu lernen   Das bringt
IR: Kettenmethode   Sie weiter

2.29 | Akronyme, Eselsbrücken und Wortspiele

Nutzen Merksätze, Eselsbrücken und Wortspiele machen das »Lernen« erheblich einfacher, z. B.: »333 bei Isos Keilerei«.

Beispiele Die Reihenfolge der neun Planeten des Sonnensystems wird üblicherweise mit der Eselsbrücke »**M**ein **V**ater **e**rklärt **m**ir **j**eden **S**onntag **u**nsere **n**eun **P**laneten« merkbar gemacht. Daraus ergibt sich: Merkur, Venus, Erde, Mars, Jupiter, Saturn, Uranus, Neptun und Pluto. Nicht schlecht!

Ein Merksatz für die Zahl Pi: »May I have a large container of coffee? – Thank You!« = 3,1415926, wenn man die Buchstaben der Wörter zählt.

Was ist eigentlich der Unterschied zwischen effizient und effektiv? Klar, effizient ist handlungsorientiert und effektiv ist zielorientiert. Peter Drucker – ein amerikanischer Managementguru schlägt vor:

Effektiv = Die richtigen Dinge tun! Effizient = Die Dinge richtig tun!

Wortspiele Auch die folgenden Wortspiele kann ich mir prima merken!

Stala**g**miten stehen auf dem **G**rund, Stala**k**titen hängen von der De**ck**e herab.

Die fünf Gitarrensaiten e, a, d, g, h, e merkt man sich mit: **E**ine **a**lte **D**ame **g**ing **H**ering **e**ssen.

Ein Bekannter hat seinem Sohn die Himmelsrichtungen wie folgt beigebracht (beachte die Anfangsbuchstaben): **N**icht **o**hne **S**eife **w**aschen!

Akronym Was sind Akronyme? Kurzworte aus Anfangsbuchstaben. Unter Management verstehen etwa viele Menschen die »zielgerichtete **G**estaltung, **S**teuerung und **E**ntwicklung von Unternehmen«. Ich habe mir dies stets mit **GSE** gemerkt. War für mich leichter.

Oder: Warum heißt das GuV-Konto »GuV«. Offiziell, weil es das Gewinn- und Verlustkonto ist. Als Lernhilfe: Weil ein Gewinn als Saldo stets auf der linken Seite der GuV und ein Verlust auf der rechten Seite steht. Viel schwieriger: Beim Jahresabschluss gibt es das Niederstwertprinzip. Dies gibt es in der strengen und gemäßigten Version. Eine gilt beim Anlagevermögen (AV) und eine gilt beim Umlaufvermögen (UV). Ich habe mir MAV SUV gemerkt – dies bedeutet für mich: Die MAV (die Mitarbeitervertretung, also eine Art Betriebsrat im kirchlichen Bereich) geht »Einen saufen« (SUV – SUFF …) – und das kann ich mir gut bildlich vorstellen. »Bilanztheoretisch« entschlüsselt: Beim AV gilt das milde Niederstwertprinzip. Probieren Sie es selber aus!

Das bringt **Literatur:** Birkenbihl, V: Der Birkenbihl Power-Tag
Sie weiter **IR:** Eselsbrücke --- Merksatz --- Analographie/Analografie

2.30 | Der Taschentrick hilft aus der Patsche

Prägen Sie sich Begriffe »bombenfest« für Vorträge, Klausuren etc. ein, indem Sie sie in die Tasche stecken. Merksatz

Ein Studierender hat mir einmal folgenden Trick empfohlen: Verbin- Trick
den Sie Lerninhalte mit kleinen Gegenständen, die Sie in die Tasche stecken können, etwa ein Centstück, ein Taschentuch, ein kleiner Ball, ein kleiner Stein, eine Kastanie, eine große Büroklammer etc. Nehmen Sie beim Lernen jeweils den Gegenstand in die Hand und verbinden Sie den gewünschten Lerninhalt mit dem »Merke-Hilfsmittel« in Ihrer Hand, möglichst mit einem sehr einprägsamen Bild vor Ihrem inneren Auge. Zum Erinnern bei einer Klausur, einem Referat, einem Gespräch, einer Präsentation, einer Prüfung etc. greifen Sie einfach in Ihre Tasche, nehmen das »Merke-Hilfsmittel« in die Hand und erinnern sich an die Information.

Diesen Trick kann man z. B. auch auf die Stiftetasche ausweiten. Be- Beispiel
legen Sie einzelne Stifte und Utensilien, auch Stifte unterschiedlicher Farben, mit Wissensinhalten und merken Sie sich diese. Ein Blick in die Stiftetasche genügt, und die Information fällt Ihnen wieder ein, z. B. wichtige geographische Orte:

- Ihr Füller steht für den Mont Blanc.
- Der Spitzer steht für den Nordpol.
- Das Lineal symbolisiert den Suezkanal.
- Die Büroklammer steht stellvertretend für Paris.

Zur Verstärkung können Sie die Bilder visualisieren. Stellen Sie die Büroklammer als »Eifelturm« in Paris auf, schreiben Sie mit der Spitze des Füllers auf der Spitze des Berges, legen Sie das Lineal über den Suezkanal zwischen die Kontinente und stecken einen Eisberg in den Spitzer, um ihn anzuspitzen.

Sicher kennen Sie die Knotenvariante des Taschentricks: Einen Knoten ins Taschentuch machen und die Information, die Sie damit verbinden wollen, damit assoziieren. Aber: Der Knoten erinnert Sie nur daran, dass etwas zu tun ist, er sagt Ihnen aber nicht, was getan werden muss. Hierbei sind andere der hier dargestellten Kniffe hilfreicher.

Manche »Gedächtniswunder« beruhen nicht auf Übersinnlichem und Fazit
Phänomenalem, sondern auf einem winzigen Trick.

Literatur: Vester, F.: Denken, Lernen und Vergessen Das bringt
IR: »Taschentrick Lernen« Sie weiter

2.31 | Lernen Sie durch Lehren

Nutzen **Bearbeiten Sie den Stoff individuell und lernen Sie durch die Stoffvermittlung an andere Mitlernende!**

Lehren Lernen durch Lehren ist eine Methode, bei der ein Lernender die Art und den Ablauf der Stoffvermittlung für andere Lernende bestimmt, den »Unterricht« vorbereitet und eigenständig durchführt.

Durch die Erledigung dieser Aufgabe lernt dieser selber. Er schlüpft quasi in die Rolle des Dozenten. Der eigentliche didaktische Betreuer, Wissensmanager, Dozent der Gruppe teilt den Lernstoff in kleinere Abschnitte auf und verteilt die Themen an die Studierenden. Diese bereiten den Verlauf der Veranstaltung vor und moderieren mit zweckmäßigen Methoden, möglichst mit der gebotenen didaktischen Vielfalt. Wo liegen die Vorteile?

- Sie bearbeiten den Stoff intensiver und auf eine Ihnen gefällige Art.
- Ihre Sozialkompetenz wird durch die Rolle als »Lehrender« gefördert.
- Ihr Selbstvertrauen wächst gewaltig.

»Lernen durch Lehren ist handlungsorientiert. Die Schüler unterrichten den von ihnen erarbeiteten Stoff, werden dadurch selbst aktiv und gewinnen ein erhöhtes Maß an Autonomie. Durch die hohe Beteiligung der Schüler in den Bereichen Präsentation, Moderation und Gruppenarbeit ist die Methode besonders geeignet, um den Schülern Schlüsselqualifikationen zu vermitteln.«

Quelle: WebSite von LdL = http://www.ku-eichstaett.de/
Fakultaeten/SLF/romanistik/didaktik/Forschung/ldl/.

Vorteile Die Erfolge: Was kommt dabei heraus? Der Dozent redet weniger. Schwierige Stoffsequenzen werden aus der Perspektive des Lernenden beleuchtet. Dadurch gewinnt der Lernende einen seiner Art zu lernen entsprechenden Zugang. Da verschiedene Gruppen den Stoff vermitteln, setzen sich die Studierenden intensiver und vielseitiger mit ihm auseinander. Die Hemmschwelle von Studierenden zu Studierenden ist geringer. Es fällt den Studierenden leichter, ihrem Unverständnis Ausdruck zu verleihen und um Erklärung zu bitten. Der Dozent erkennt Verständnislücken des Kurses oder einzelner Studierender schneller und hat Zeit und Gelegenheit, gezielt und individuell darauf zu reagieren. Das soziale Lernen wird gefördert, da die Studierenden neue Rollen einüben und sich häufiger einander zuwenden.

Das bringt
Sie weiter **Literatur:** Schelhaas, C.: Lernen durch Lehren
IR: »Lernen durch Lehren« --- LdL --- http://www.ku-eichstaett.de/Fakultaeten/SLF/romanistik/didaktik/Forschung/ldl/

2.32 | Gehirngerecht lernen mit Mind Maps

Nutzen Sie beide Gehirnhälften beim Lernen mittels Mind Maps und denken Sie assoziativ.

Nutzen

Mind Maps – erfunden von Tony Buzan – zu Deutsch »Gedankenkarten«, sind grafische Darstellungen von Informationen und Wissensstoff. Im Vordergrund stehen bei der Darstellung die Beziehungen (Assoziationen, Verknüpfungen) zwischen den im Einzelnen dargestellten Begriffen. Dem Konzept des Mind Mappings sind die Konzepte »semantische Netze« und »Concept Maps« sehr ähnlich.

Mind Map

Mind Map »System der Kostenrechnung«

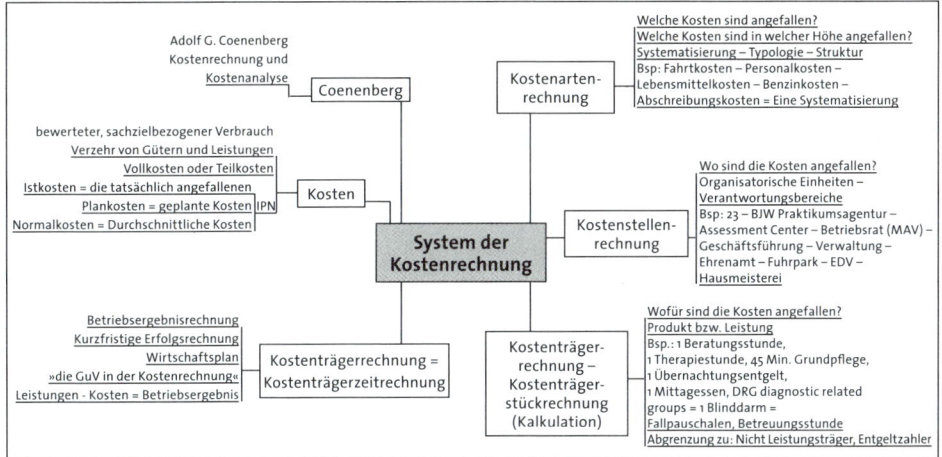

Die Mind-Mapping-Methode nutzt die assoziative Arbeitsweise des Gedächtnisses und macht Erinnerungs- und Denkstrukturen sichtbar. Assoziationen werden notiert und führen zu neuen Assoziationen. Mind Maps können mit Papier und Bleistift oder mittels Software erstellt werden. Das Vorgehen ist identisch:

- Beginnen Sie in der Mitte und tragen Sie dort das Thema ein, welches Sie bearbeiten möchten. Tragen Sie von hier ab die Verzweigungen ein, die als Stichworte erster Ordnung zur Gliederung des Themas dienen. Benutzen Sie für die Verzweigungen möglichst nur wenige Worte. Ggf. schreiben Sie die Worte in Großbuchstaben.
- Verwenden Sie möglichst viele einfache Schlüsselwörter und nur wenige ganze Sätze. Nutzen Sie die Schlüsselwörter als Ausgangspunkt für neue Assoziationen.
- Es gilt die Regel: Gehen Sie vom Allgemeinen zum Speziellen.

Mind Map™ ist eine eingetragene Marke der Buzan Organisation Ltd.

Hinweis

Handschriftlich erstellt kann eine Mind Map etwa wie folgt aussehen:

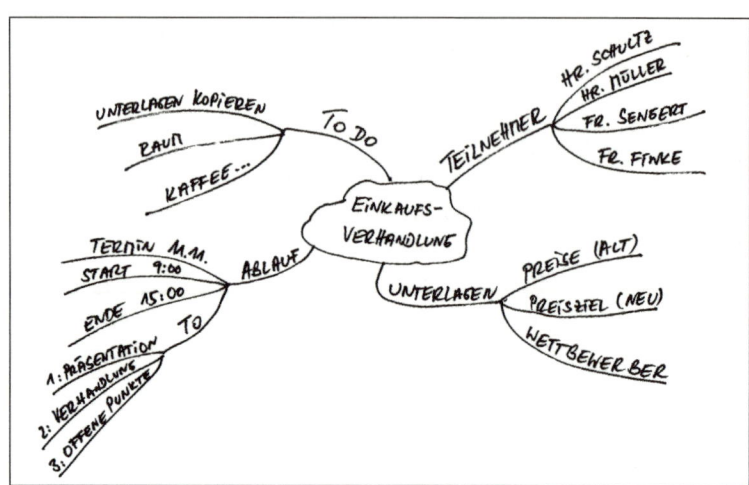

Handschriftlich erstellte Mind Map

Mind Maps können auch in Standardprogrammen wie z. B. PowerPoint erstellt werden. Inzwischen gibt es bereits eine Reihe von speziellen Softwareprodukten zur Erstellung von Mind Maps, die viele zusätzliche Funktionalitäten neben der reinen Darstellung der Map bieten, z. B.:

- Hyperlinks zu anderen Dokumenten,
- Hyperlinks ins Internet,
- Einbinden von Grafiken,
- Einbinden von Excel-Tabellen,
- Einbinden umfangreicher Textnotizen,
- Export in Word,
- Export in PowerPoint,
- Export als HTML-WebSite,
- Präsentationsmodus,
- Brainstormingmodus,
- Verknüpfung mit Microsoft Outlook.

Hinweis Manche Anwendungen sind als Open-Source-Produkte kostenlos verfügbar.

Das bringt Sie weiter **Literatur:** Reibold, H. F.: Mind-Mapping mit FreeMind --- Rehn-Göstenmeier, G.: Mind-Mapping mit Mindjet MindManager 6
IR: Mind-Map --- »Mind-Map« --- define: Mind-Map --- freemind --- www.mindjet.com --- concept map --- Semantisches Netz

2.33 | Resignieren Sie nicht bei Lernplateaus

Ein paar Worte hinsichtlich aufkommender Resignation bei Lernplateaus.

Sicher kennen Sie das auch: Sie lernen und lernen, aber irgendwie haben Sie das Gefühl, dass es nicht weitergeht. Vermutlich sind Sie auf einem sogenannten Lernplateau angekommen. Sie interpretieren dies zunächst als Misserfolg. Diese Interpretation ist aber falsch. Ein Lernplateau bedeutet keinesfalls etwas Negatives, sondern vielmehr etwas sehr Positives: Ihr Gedächtnis ist nämlich vermutlich dabei, eine neue Struktur aufzubauen. Und dies ist unbedingt notwendig und bringt Sie beim Lernen mit Meilenstiefeln weiter. Es handelt sich also um eine Ruhe- und Erholungsphase. Lernen Sie langsam und ruhig weiter oder legen Sie eine Lernpause ein. Bald wird die neue Struktur im Gehirn aufgebaut sein und dann geht es plötzlich auch merklich weiter. Nach der erfolgreichen Zuordnung hat man einen besseren Zugang/Überblick über den Gesamtstoff. Achten Sie aber auch darauf, ob externe Faktoren, die abstellbar sind, den Lernerfolg behindern.

Um Misserfolge beim Lernen generell zu vermeiden, sollten Sie folgende
Hinweise besonders berücksichtigen:

- Verdrängen Sie nicht alten Lernstoff durch neuen Lernstoff.
- Verdrängen Sie nicht neuen Lernstoff durch alten Lernstoff. Neue Informationen werden also weniger gut behalten als zuvor gelernte Informationen.
- Verdrängen Sie nicht richtige Lerninhalte durch zuvor angeeignete falsche Lerninhalte. D.h.: Lernen Sie möglichst nichts Falsches. Das ist leicht gesagt, jedoch lernt das Gehirn nur sehr ungern um. Manchmal ist man aber auch machtlos. Beispiel: Das italienische Wort »caldo« gleicht dem deutschen Wort »kalt« sehr, bedeutet jedoch »heiß«.
- Nehmen Sie sich vor Ähnlichkeitshemmungen (Interferenz) in Acht. Je ähnlicher zwei nacheinander gelernte Inhalte sind, desto stärker ist die gegenseitige Beeinträchtigung. Dies kann geschehen, wenn Sie ähnliche Informationen – beispielsweise zwei Fremdsprachen – hintereinander lernen.

Beachten Sie auch affektive Hemmungen. Wenn Sie zornig, traurig, ängstlich etc. sind, so lernen Sie in der Regel schwerer.

Literatur: Markowitsch, H.-J.: Dem Gedächtnis auf der Spur
IR: Lernplateau --- Lernhindernisse

2.34 | Passwörter kinderleicht merken

Nutzen   **Vergessen Sie nie wieder perfekte Passwörter.**

Ein Dilemma? Passwörter sollen so geheimnisvoll sein, dass niemand sie erraten kann. Andererseits soll man sich die Passwörter aber auch gut merken können. Kein Dilemma, sondern das geht prima! Bilden Sie ein tendenziell sehr sicheres Passwort, indem Sie Assoziationen bilden, Bilder nutzen oder sich die Anfangsbuchstaben der Wörter eines Satzes merken bzw. noch mit Ziffern und Sonderzeichen kombinieren:

Beispiele
- Ich bin 61 in Bonn geboren! Ergibt das Passwort Ib61iBg!
- Wann geht es hier nach 13:00 weiter? Ergibt das Passwort Wgehn13w?
- Fußball ist unser Leben 2006! => FiuL2006!

So kommen Sie zu differenzierten, aber gleich strukturierten Passwörtern für unterschiedliche Gelegenheiten:
- Das ist der Zugang for me zu Otto = DidZ4mzO
- Das ist der Zugang for me zu BMW = DidZ4mzB
- Das ist der Zugang for me zur Hochschule = DidZ4mzH

Methoden   So behalten Sie Passwörter todsicher. Ein Passwort können Sie auch visualisieren. Dazu gibt es verschiedene Methoden:
- Bilden Sie eine graphische Verknüpfung von Tasten. Beispielsweise die Tasten rfvgz bilden ein V auf der Tastatur, wenn man die einzelnen Tasten gedanklich mit einer Linie verknüpft. Erweitert ergibt sich beispielsweise: 4rfvgz/.
- Das Passwort KmbH2000 steht für die Städte Köln, Münster, Bremen und Hamburg, das ist vor meinem gedanklichen Auge die Strecke, die ich 2000 von Bonn nach Glückstadt fahren musste. Bei diesem Passwort ergibt sich sogar noch eine tolle Assoziation zu GmbH2000 …
- BsaM! » – dabei stehen die Anfangsbuchstaben für die Geschäfte hier im Ort entsprechend der Reihenfolge, wie Sie in Richtung Ortsausgang zu finden sind: Bäcker, Sparkasse, Apotheker, Metzger. ! und « sind die beiden ersten Sonderzeichen auf der Tastatur.
- Oder die Nachbarn in der Straße, in der Sie wohnen. Sortieren Sie sie in der Reihenfolge der Häuser. Der Anfangsbuchstaben des Nachnamens wird genutzt: Schmitz, Ursig, Heinemann, Bauer und Weingarten in 12345 (Postleitzahl) => suhbw12345.

Das bringt   **Literatur:** Sommer, L. M.: Gutes Gedächtnis leicht gemacht
Sie weiter   **IR:** »Passwörter visualisieren«

2.35 | Lernen Sie mit der Lernmaschine/-kartei

Vertiefen Sie den gelernten Stoff mittels der Lernmaschine/-Kartei im Langzeitgedächtnis!

Nutzen

Die Methode geht auf S. Leitner zurück. Schreiben Sie auf unterschiedliche Seiten einer Karteikarte – häufig DIN A 7 – Fragen und zugehörige Antworten zum Lernstoff auf. Ordnen Sie diese in eine Lernkartei (Lernmaschine) ein. Diese ist dabei behilflich, den Lernstoff kontinuierlich und erfolgreich zu lernen. Fertige Lernkarteien können erworben werden und/oder selber gebastelt/hergestellt werden. Es handelt sich dabei um eine rechteckige Schachtel, die in fünf Fächer eingeteilt wird, die ca. 1, 2, 5, 8 und 14 cm lang sind.

Langzeit-
gedächtnis

Auf den Karteikarten werden auf der einen Seite eine kurze Frage und auf der anderen Seite eine kurze Antwort notiert. Umfangreicher Lernstoff wird ggf. auf mehrere Karten verteilt. Die Karten werden im ersten Fach eingestellt. Nach und nach wird der Lernstoff durch Lesen der Frage und Vergleich der eigenen Lösung mit der Musterlösung kontrolliert. Eine richtig beantwortete Frage wird ein Fach weitergelegt. Schon dieses Erfolgserlebnis kann für das Lernen insgesamt sehr förderlich sein.

Ist das erste Feld leer, wird es mit neuen Karten aufgefüllt. Ist ein anderes Feld voll, so wird ein etwa daumendicker Stapel wiederholt. Weiteres Vorgehen: Wird eine Frage richtig beantwortet, legt man die Karte ein Feld weiter; bei falscher Antwort wieder in das erste Fach.

Karteikarte

Lernkarteien gibt es auch in elektronischer Form. Die verfügbare Software funktioniert nach dem gleichen Prinzip. Vorteile der Software gegenüber der Papierform liegen etwa darin, dass Tonaufnahmen und Bilder/Grafiken mit einbezogen werden können. Häufig ist damit auch eine detaillierte Lernplanung möglich.

Mittels Software lässt sich auch ein ähnliches Verfahren anwenden, bei dem jede »digitale Lernkarte« (z. B. eine Übersicht, ein Merksatz, eine Vokabel) einen Wert zugewiesen bekommt, der sich bei Erfolg um einen Punkt erhöht, bei Nichterfolg um einen Punkt vermindert. Außerdem bietet die Software meistens mehr Möglichkeiten der Wiederholungsplanung.

Software

Literatur: Leitner, S.: So lernt man Lernen
IR: Lernkartei --- Lernmaschine --- Lernkartei elektronisch

Das bringt
Sie weiter

2.36 | Weiter geht es mit der Lernpatience

Nutzen **Bewältigen Sie besonders schwierigen Lernstoff.**

Lernpatience:
schwieriger Stoff
Die von Leitner entwickelte »Lernpatience« dient zum Lernen von besonders schwierigem Stoff. Es handelt sich um eine Variante der Lernkartei für bis zu 20 Karteikarten. Die Fächer sind für 3, 5, 5, und 7 Karten ausgelegt. Wegen der geringen Anzahl an verwendeten Lernkarten können diese auch als Patience auf dem Tisch ausgebreitet werden. Damit wird der zu lernende Stoff zusätzlich etwas übersichtlicher.

Zu Beginn legen Sie drei Karten nebeneinander auf den Tisch, die Fragen nach oben. Versuchen Sie, die Frage auf der links liegenden Karte zu beantworten. Gelingt dies, so kommt die Karte in die zweite Reihe, und zwar an die ganz rechte Position (bzw. in das zweite Fach an hinterster Stelle). Gelingt dies nicht, kommt sie rechts neben die beiden verbliebenen Karten in der ersten Reihe (bzw. in das erste Fach nach ganz hinten). Alle drei Karten der ersten Reihe werden nun nach links verschoben. Ist eine Reihe voll, wird in dieser Reihe die Karte ganz links wieder geprüft. Wenn sie richtig beantwortet wird, legen Sie die Karte eine Reihe weiter. Wird sie nicht richtig beantwortet, so kommt sie wieder in die erste Reihe.

Vorteile
Leitner live: »Die Lernpatience ist somit nichts anderes als eine extrem verkleinerte Lernkartei in etwas anderer räumlicher Anordnung. Da wie dort geht dasselbe vor sich: Widerspenstige Informationen, in unserem Fall Telefonnummern, werden immer von neuem wiederholt, zehn- oder zwanzigmal oder noch öfter, so lange, bis sie weich werden, bis unser Gedächtnis sie verdauen kann. Leichte Telefonnummern hingegen, die widerstandslos kapitulieren, werden nur viermal wiederholt.

Die Grundsätze des Verarbeitens, Wiederholens und Merkens sind also die gleichen, nach denen auch unsere Lernkartei aufgebaut ist – dass überflüssige Wiederholungen vermieden, die notwendigen dadurch aber nicht beeinträchtigt werden.

Dennoch ist die Arbeit, die mit der Lernpatience bewältigt wird, ein wenig anders geartet. Sie ist gewissermaßen Rodung jungfräulichen Bodens, das Fußfassen auf völlig unbekanntem Gebiet, in dem es keine Orientierungspunkte gibt, die allererste Bekanntschaft mit völlig fremdem und beziehungslosem Material.« (Leitner 1995, S. 124 f.)

Das bringt
Sie weiter
Literatur: Leitner: So lernt man Lernen
IR: Lernpatience

2.37 | Denken Sie sich selber Übungsaufgaben aus

Denken Sie sich selber Übungsaufgaben aus und stellen Sie diese den anderen Studierenden zur Verfügung!

Nutzen

»Übung macht den Meister« und interessante Best-Practice-Beispiele verdeutlichen theoretische Inhalte noch besser. Aber: Ein Dozent etc. alleine kann nicht so viele Fragen, Fallbeispiele, Ideen, Best-Practice-Beispiele etc. erarbeiten, prüfen, kontrollieren, pflegen etc., wie gewünscht und optimalerweise eingesetzt werden könnten. Was halten Sie von der Idee, hier aktiv mitzumachen? Wenn Sie mitmachen, könnten durch Sie und/oder Kollegen, Studierende anderer Hochschulen, Praktiker, sonstige Interessierte etc. mehr Lehrmaterialien, Skripte, Aufgaben, Fallstudien etc. entstehen.

Best-Practice-Beispiele

Im Bereich der Software macht die Open-Source-Gemeinde uns vor, wie es geht: Viele arbeiten an einer Sache mit, die allen zugute kommt. Warum nicht auch beim Lernen und Üben? Wenn 10 Studierende z. B. je eine Aufgabe zur Investitionsrechnung konzipieren und anderen Studierenden ihre Aufgabe mitsamt Lösung zur Verfügung stellen, dann haben alle plötzlich 10 Übungsaufgaben. Und was dabei herauskommt, sehen Sie selbst.

Open-Source-Gemeinde

Übungsaufgaben zur Investitionsrechnung (Kapitalwertberechnung): In einer mittelgroßen Stadt beabsichtigen zwei private Pflegedienste, ihre Dienste zu erweitern und ein neues Einzugsgebiet zu erschließen. Fritz Mullfix erstellt aufgrund umfangreicher Analysen und Prognosen folgende Zahlungsreihe für seine dazu notwendigen Investitionen:

Beispiel

In T. €	Ein-/Auszahlung
1. Jahr Anfang	- 1000
1. Jahr Ende	500
2. Jahr Ende	1000
3. Jahr Ende	200
4. Jahr Ende	800

Aufgabenstellung Investitionsrechnung

Herbert Spritzweg möchte keinen Konkurrenten in seinem Einzugsgebiet und er bietet Fritz Mullfix vier Jahresraten zu je 300.000 Euro/Jahr, wenn dieser seinen Plan aufgibt. Wie wird sich Fritz Mullfix entscheiden, wenn er mit einem Zinssatz von 10 Prozent rechnen kann und seiner Entscheidung die Kapitalwertberechnung zugrunde liegt?

Lösung –
Berechnung
von Mullfix

In T €	Ein-/Auszahlung	Barwert	Summe
1. Jahr Anfang	- 1000	- 1000	- 1000
1. Jahr Ende	500	500/1,1	454,5454
2. Jahr Ende	1000	1000/1,12	826,4462
3. Jahr Ende	200	200/1,13	150,2629
4. Jahr Ende	800	800/1,14	546,4107
		Kapitalwert	977,67

Lösung –
Berechnung
von Spritzweg

In T €	Ein-/Auszahlung	Barwert	Summe
1. Jahr Ende	300	300/1,1	272,7272
2. Jahr Ende	300	300/1,12	247,9338
3. Jahr Ende	300	300/1,13	225,3944
4. Jahr Ende	300	300/1,14	204,9040
		Kapitalwert	950,96

Spritzweg hätte etwas mehr drauflegen müssen, um seinen Konkurrenten los zu werden. So wird sich Fritz Mullfix für seine Investition entscheiden. (Erstellt von der damaligen Studentin Dagmar Weßler-Possberg im Mai 2003.)

Beispiel Welchen Sinn haben kalkulatorische Zinsen? Antwort des Studierenden: Die kalkulatorischen Zinsen sind Kosten, welche nicht mit realen Güter- oder Geldströmen (also aufwandsgleichen Kosten) übereinstimmen. Ziel ist es, gewünschte Gewinne und vorweggenommene Kosten bereits in der Kalkulation von Produkten und Leistungen einfließen zu lassen. Kalkulatorische Zinsen haben den Charakter von Opportunitätskosten, d. h. es geht hier um den entgangenen Nutzen. Dieser entsteht dadurch, dass das Kapital für betriebliche Zwecke eingesetzt und nicht anderweitig genutzt wird, also z.B. nicht am Kapitalmarkt angelegt wird.

Das bringt Sie weiter **Literatur:** Schelhaas, C.: Lernen durch Lehren
IR: »Übungsaufgaben ausdenken«

2.38 | Fazit – Lernen Sie stets erfolgreich

Wichtiges zum Thema »Lernen« im Überblick.

Nutzen

Erfolgreiches Lernen bedeutet zusammengefasst:

Erfolgreiches Lernen

- Erkennen Sie Ihren Lerntyp/Lernstil.
- Lernen Sie dann im Tagesverlauf, wenn Ihr Biorhythmus in einer fürs Lernen geeigneten Phase steht.
- Schaffen Sie eine positive, angenehme Lernumgebung.
- Bereiten Sie sich emotional positiv auf das Lernen vor.
- Legen Sie ausreichende Pausen ein.
- Messen Sie dem Lernstoff eine hohe Bedeutung zu.
- Erkennen Sie bei Ihrem Lernstoff einen positiven Inhalt, der Sie wissenshungrig und motiviert macht bzw. verpacken Sie den Lerninhalt entsprechend gefühlsmäßig positiv.
- Strukturieren Sie Ihren Lernstoff und bilden Sie stets Verknüpfungen zu bereits gelernten Informationen.
- Beteiligen Sie möglichst viele Sinneskanäle beim Lernen.
- Nutzen Sie Tipps und Kniffe wie beispielsweise die der Mnemotechnik – schaffen Sie Aha-Erlebnisse.
- Kontrollieren Sie bereits gelerntes Wissen, vertiefen Sie es durch Wiederholungen und verankern Sie es dadurch im Langzeitgedächtnis.
- Lernen Sie ähnlichen Lernstoff mit geeignetem Abstand.
- Nehmen Sie nur leichte Nahrung zu sich.
- Trinken Sie möglichst viel Wasser, Tee etc.
- Belohnen Sie sich nach dem Lernen.
- Wiederholen Sie den Stoff nach einem angemessenen Zeitraum.

Als Fazit nachfolgend ein einfaches Modell. Dieses Modell hat den entscheidenden Vorteil, dass Sie tendenziell schneller und nachhaltiger lernen. Das gelingt genau dann,

Modell

- wenn das Gehirn die Bedeutung des Lernens erkennt,
- wenn das Gehirn positiv emotional engagiert ist,
- wenn Sie den Lernstoff ausreichend elaborieren,
- wenn Sie den Lernstoff memorieren,
- und dabei möglicherweise Tricks und Kniffe anwenden,
- also insgesamt auf jeden Fall lerntypgerecht arbeiten.

Viel Erfolg!

Literatur: Cottrell, S.: The Study Skills Handbook
IR: »Lernen lernen«

Das bringt Sie weiter

3 Erfolgreiches Selbstmanagement

Was ist Selbstmanagement?

Selbst-
management

Unter studentischem Selbstmanagement verstehe ich Fähigkeiten, Fertig-keiten und Techniken, welche die zielgerichtete Gestaltung, Steuerung und Entwicklung des Studierens fördern, konkret also zur Erreichung folgender Ziele beitragen (alphabetisch):

- Effektiv handeln.
- Effizient handeln.
- Kontakte systematisch nutzen.
- Ratschläge anderer hinzuziehen.
- Seine Aufgaben perfekt organisieren.
- Sich gut verkaufen.
- Termine einhalten.
- Zeit perfekt managen.
- Ziele setzen.
- Zieleinhaltung überprüfen.
- Zweckmäßig Planen.

Die hier aufgeschriebenen Beiträge behandeln sowohl traditionelle Tipps als auch aus der Managementlehre/Betriebswirtschaft stammen-de, innovative Anregungen. Insbesondere die Managementlehre für Un-ternehmen gibt eine Reihe von interessanten Anregungen zur Optimie-rung des Studienmanagements. Probieren Sie die Tipps doch einfach aus und finden Sie so die für Sie zutreffenden.

Vorteile

Um mit einem Irrtum aufzuräumen: Selbstmanagement zielt zwar darauf ab, sich selbst bestmöglich zu organisieren, um damit die zur Verfügung stehende Zeit optimal zu nutzen bzw. im Optimalfall Zeit einzusparen.

Die eingesparte Zeit muss nicht in jedem Fall wieder im Studium ein-gesetzt werden. Die eingesparte Zeit kann auch Freizeit sein. Wer also nicht effektiv und effizient arbeitet, verschwendet seine Freizeit. Wer aber effektiv und effizient arbeitet, weitet seine Freizeit im Idealfall so-gar aus. Wer hat dagegen schon etwas einzuwenden? Also: Jetzt geht es motiviert und engagiert zur Sache.

3.1 | Finden Sie Ihren persönlichen Coach/Mentor

Ein Studiencoach hilft Ihnen, alle Angelegenheiten rund ums Studium zu reflektieren und weniger subjektiv zu entscheiden.

Nutzen

Ein Studiencoach (oder Mentor) ist ein Berater/externer Experte, der Sie in Angelegenheiten des Studiums unterstützt. Er hilft Ihnen, Ihre eigenen Gedanken zu reflektieren bzw. neue/andere Lösungsansätze mit Ihnen zu finden. Im genannten Sinne ist er/sie aber nicht geeignet, um grundsätzliche Persönlichkeitsstörungen oder Überforderungssyndrome, etc. zu therapieren:

Was ist ein Mentor?

- Ein Coach leistet einfache psychosoziale Unterstützung und dient den Studierenden als Berater in schwierigen Situationen.
- Ein Coach leistet Karriereunterstützung und dient als Berater bei der Planung und Ausgestaltung des Studiums.
- Ein Coach gibt als Diskussionspartner Feedback zu Zielen, Ideen, Maßnahmen, Ansichten etc.
- Ein Coach ist eine sehr wichtige Hilfe.

Wo/wie finden Sie einen Coach für Ihr Studium?

Mentor wo?

- Prüfen Sie, ob es an Ihrem Fachbereich/in der Hochschule Coaches (häufig auch Mentoren genannt) gibt, die Sie ansprechen können.
- Fragen Sie eine/n DozentIn, zu der/dem Sie besonderes Vertrauen haben, ob er/sie als Mentor zur Verfügung steht.
- Wenden Sie sich an einen studienerfahrenen Menschen in Ihrem Umfeld.
- Nehmen Sie Kontakt zu erfahrenen Mitstudierenden auf.
- Prüfen Sie, ob ein Ehemaligen-Netzwerk (Alumni-Netzwerk) existiert und Ihnen bei Ihren Anliegen helfen kann.

Ein Coaching kann in folgenden Phasen relevant sein:

Mentor wann?

- Studieneinstiegsphase,
- Studienphase,
- Berufseinstiegsphase,
- Berufsphase.

Vermutlich sind es jeweils andere Personen, die die einzelnen Phasen coachen können. Logisch: Der Berufseinstiegscoach z. B. muss nicht in jedem Fall auch zur Beratung in der Studienphase geeignet sein. Möglicherweise kennt er sich in Studienbelangen nicht oder nur unzureichend aus.

Literatur: Braun, R. u. a.: Die Coaching Fibel
IR: define: Coaching

Das bringt Sie weiter

3.2 | Setzen Sie sich Ziele im Studium

Nutzen **Nur wer ein Ziel verfolgt, kann erkennen, ob er auf dem richtigen Weg ist.**

Ziel finden Nehmen Sie sich unbedingt Zeit, sich Gedanken darüber zu machen, welches die Ziele (Fern- und Nahziele) Ihres Studiums sind. Was wollen Sie mit dem Studium erreichen? Vielleicht haben Sie sogar so etwas wie eine Vision, also ein Bild von dem, was Sie zukünftig erreichen wollen und worin die Gründe bestehen, dass Sie sich diesen ganzen Studienstress antun – sozusagen ein »Leitstern«.

Ziel notieren Notieren Sie Ihre Fern- und Nahziele und hängen Sie diese gut sichtbar an Ihrem Arbeitsplatz und/oder in anderen Räumen auf, notieren Sie diese in Ihrem Timer, Ihrer Arbeitsmappe, Ihrem Pinboard etc. Orientieren Sie sich bei der Festlegung der Ziele an den im Folgenden notierten Gedanken:

- Ziel Ihres Studiums ist es doch sicherlich, berufliche Handlungskompetenzen aufzubauen bzw. zu erweitern. Der Begriff »berufliche Handlungskompetenzen« meint Ihre materiale Kompetenz (nicht die formale Kompetenz, die Sie beispielsweise durch die Zuweisung bestimmter Befugnisse erhalten). Gemeint ist damit also die Befähigung, Probleme und Aufgaben zu lösen.
- Zu den beruflichen Handlungskompetenzen gehören neben WISSEN und KÖNNEN (berufliche Qualifikationen) auch Schlüsselqualifikationen wie die Funktionen planen, realisieren/umsetzen und kontrollieren. Sie müssen nach dem Studium in der Lage sein, bei Problemen selbstständig und flexibel reagieren zu können, Sie müssen sich selber managen und mit sich zurechtkommen und erfolgreich im Team agieren können. Dies gilt relativ unabhängig vom Berufszweig.

Beispiel: konkrete Ziele Leiten Sie daraus konkrete Fern-/Nahziele ab, wie z. B.:

- Ich möchte erfolgreiche Kulturmanagerin werden.
- Mein Ziel ist es, mein Studium erfolgreich innerhalb der Regelstudienzeit (- 1 oder - 2 Semester) zu absolvieren.
- Ich strebe eine Note von mindestens 2,0 an.
- Zusätzlich erwerbe ich besondere Qualifikation im interkulturellen Bereich und absolviere Praktika in N. N.
- Im Semester absolviere ich Modul 3, 4, 5 erfolgreich.
- Ich verbessere meine Englischkenntnisse erheblich.
- Ich möchte den Test am Ende des Semesters bestehen.
- Ich baue mein Netzwerk aus.
- Ich bewerbe mich um ein Praktikum.
- Meine Computerkenntnisse erweitere ich erheblich.
- Ich knüpfe neue wichtige Kontakte.
- Meine Rhetorik wird professionell geschult.
- Ich erwerbe besondere Kommunikationskompetenzen.

Kompetenzen, die generell zur Erreichung von Zielen von Bedeutung sein können, lassen sich z. B. wie folgt systematisieren:

- Fachkompetenz: Kenntnisse, Fähigkeiten, Fertigkeiten.
- Methodenkompetenz: Verschiedene Arbeitsverfahren, Problemlösung, selbstständiges Denken und Arbeiten, Flexibilität, die Fähigkeit, sich neues Wissen anzueignen.
- Sozialkompetenz i.w.S.: (1. Soziale Kompetenz) Kooperationsbereitschaft, kommunikative Kompetenz, Fairness, Hilfsbereitschaft, Kontaktfähigkeit, Teamgeist – (2. Persönliche Kompetenz) persönliche Stabilität, Ich-Stärke, Leistungsbereitschaft.
- Mitwirkungskompetenz: Organisationstalent, Kombinationsfähigkeit, Überzeugungskraft, Entscheidungsfähigkeit, Verantwortung, Führungskompetenz.

Kompetenzen

Achten Sie ganz besonders darauf, dass

- Ihre Ziele realistisch ausgewählt sind, also mit Ihren Ressourcen erreichbar sind.
- Ihre Ziele operational, also klar verständlich und umsetzbar sind.
- Ihre Ziele konsistent sind, sich also nicht widersprechen.
- Ihre Ziele geordnet sind, also bestimmten Prioritäten (d.h. einer Zielhierarchie) folgen.

Ziele: Eigenschaften

Mehrere Ziele stehen in einer Zielbeziehung zueinander, die wie folgt sein kann:

- Komplementär = Zielerreichungen ergänzen sich gegenseitig.
- Konfliktär = Die Steigerung der Zielerreichung bei Ziel 1 führt zu einer Verringerung der Zielerreichung von Ziel 2.
- Antinomistisch = Die Ziele schließen sich gegenseitig aus.
- Indifferent = Die Ziele stehen in keiner Zielbeziehung zueinander.

Zielbeziehung

Literatur: Simon, W.: 30 Minuten für eine bessere Zielerreichung --- Cottrell, S.: The Study Skills Handbook
IR: define:Ziele

Das bringt Sie weiter

3.3 | Planen Sie Ihr gesamtes Studium systematisch

Nutzen **Erkennen Sie, dass es besser ist, die Materialien zum Studienverlauf genau zu studieren.**

Materialien zum Studienverlauf Eigentlich ist es mehr als selbstverständlich, aber die Erfahrung lehrt immer ein anderes. Viel zu häufig werden die Materialien zum Verlauf des Studiums (Studienverlaufsplan) und die Prüfungsordnungen/Studienordnungen nicht ausreichend intensiv ausgewertet. Und dabei finden Sie hier wichtige Informationen wie z. B. solche zu Studienvoraussetzungen, Studienziel, Studienstruktur, Methoden des Lehrens und Formen der Lehrveranstaltungen, Prüfungen, Praxissemester, Studienberatung. Die Prüfungsordnungen informieren beispielsweise über Regelstudienzeit, Studienaufbau, Studienvolumen, Umfang und Gliederung der Diplomprüfung, Studienablauf, Prüfungsausschuss, Prüfer und Beisitzer, Anrechnung von Studienzeiten sowie von Studien- und Prüfungsleistungen, Bewertung von Prüfungsleistungen, Noten und Notenziffern, Bekanntgabe der Prüfungsergebnisse, Wiederholung von Prüfungsleistungen, Freiversuche, Durchführung von Prüfungen, Versäumnisse, Rücktritt, Täuschung, Zulassung zu Fachprüfungen, schriftliche Fachprüfungen (Klausurarbeiten), mündliche Fachprüfungen, Hausarbeit mit Kolloquium, Leistungsnachweise, Diplomarbeit.

Das soll Ihnen nicht passieren Sind Sie sich sicher, dass Sie den Studienverlauf/die Ordnungen so gut kennen, dass nicht etwas geschehen kann, wie z. B.:
- Eine bestimmte Veranstaltung wird erst wieder im nächsten Semester angeboten. Dies passt Ihnen überhaupt nicht, weil die Veranstaltung vor der Abschlussarbeit absolviert werden muss. Die Folge: Sie verlieren ein Semester und zahlen ggf. noch zusätzliche Gebühren.
- Sie melden sich zur Klausur im »Management« an. Ihr Antrag wird aber abgelehnt, weil Sie die Grundlagenveranstaltung zur Wirtschaftsmathematik noch nicht abgeschlossen haben.
- Sie wollen Ihre Abschlussarbeit einreichen und werden im Prüfungsamt darauf hingewiesen, dass Sie 3 Exemplare – und nicht 2 Exemplare – hätten drucken müssen.
- Sie belegen eine Veranstaltung und bekommen beiläufig mit, dass Sie diese bereits im letzten Semester hätten vorziehen können. Schade eigentlich, wo doch die freie Zeit in diesem Semester sowieso so knapp bemessen ist!

Das bringt Sie weiter **Literatur:** Studienordnung, Prüfungsordnung, Studienverlaufsplan --- Cottrell, S.: The Study Skills Handbook
IR: Internetseite des Fachbereichs, der Fakultät etc.

3.4 | Konkretisieren Sie die Planung regelmäßig

Erkennen Sie, dass regelmäßige Planung bedeutend ist. Nutzen

Die Gesamtplanung wird auf Semester, Wochen, Tage konkretisiert:

(1) Semesterplanung = Festlegung der Semesterziele, z. B.: Semesterplan
- Absolvierung der Module BWL 1 und 2,
- Absolvierung Technik der Buchführung etc.

und daraus abgeleitet der Stundenplan = Erstellung einer Semesterplanung, z. B.

Zeit	Montag	Dienstag	Mittwoch	Donnerstag	Freitag
08 – 10	BWL 1	Übung	Wiss. Arbeiten	Lerngruppe	BWL 2
10 – 12		Technik		Englisch	
12 – 14	Lerngruppe		Buchf.		Wahlfach
14 – 16	Übung	Übung		Übung	

(2) Wochenplanung = Festlegung der Wochenziele, z. B.: Wochenplan
Wöchentliche Aktualisierung der Planung und Festlegung, welche Veranstaltungen Sie tatsächlich besuchen/welche Aktivitäten Sie durchführen werden:
- Fertigstellung der Hausarbeit zu Wiss. Arbeiten,
- deshalb BWL 1 + Lerngruppe nicht besuchen, N.N. schreibt für mich mit.

Zeit	Montag	Dienstag	Mittwoch	Donnerstag	Freitag
08 – 10	Hausarbeit, Wiss. Arbeiten	Übung	Wiss. Arbeiten	Lerngruppe	BWL 2
10 – 12		Technik		Englisch	
12 – 14			Buchf.		Wahlfach
14 – 16		Übung		Übung	

(3) Tagesplanung = Festlegung der Tagesziele Tagesplan
Tägliche Aktualisierung der Planung und Festlegung, welche Veranstaltungen Sie tatsächlich besuchen/welche Aktivitäten Sie durchführen werden.
   Nur ein systematischer Prozess der Festlegung von Zielen und künftigen Handlungen bringt Ordnung in Ihren Studienverlauf.

Literatur: Bischof, A. u.a.: Selbstmanagement Das bringt
IR: define:Planung Sie weiter

3.5 | »Verschriftlichen« Sie Ihre konkreten Ziele

Nutzen   **So können Sie sich nichts mehr vormachen. Vielmehr gelingt es Ihnen, konsequent am Ball zu bleiben.**

Machen wir uns doch nichts vor: Es ist schnell etwas gesagt. Aber was schwarz auf weiß aufgeschrieben ist, hat eher Bestand. Das Geheimnis heißt »Verschriftlichung«. Schreiben Sie die gesetzten Ziele unbedingt auf. Notieren Sie Zielinhalt, Zielausmaß und den geplanten Zeitraum zur Zielerreichung. Beachten Sie: Ziele sollten realistisch, d. h. mit den zur Verfügung stehenden Mitteln im geplanten Zeitraum erreichbar sein. Die Ziele müssen klar sein, dürfen sich nicht widersprechen und müssen ggf. in einer Hierarchie (Nr.) eingeordnet sein. Letzteres ist besonders bedeutend, weil Ziele sich ergänzen, konfliktär zueinander sein können, sich sogar gegenseitig ausschließen oder unabhängig voneinander sein können. Achten Sie stets auf Aktualität Ihrer Planung.

Nr.	Zielinhalt	Zielausmaß	Zeitraum	Erledigt
1	Klausur BWL	Mind. 1,7	SS 2006	☑
2	Englisch-Vokabeln	1000	1.1.-31.12.	
3	Skript Mechanik			
4	Versuche Chemie			
5	Themenfindung Abschlussarbeit			
....	....	....	....	

Ziele (konkretisiert)

Oder nutzen Sie eine Gedankenkarte = Mind Map:

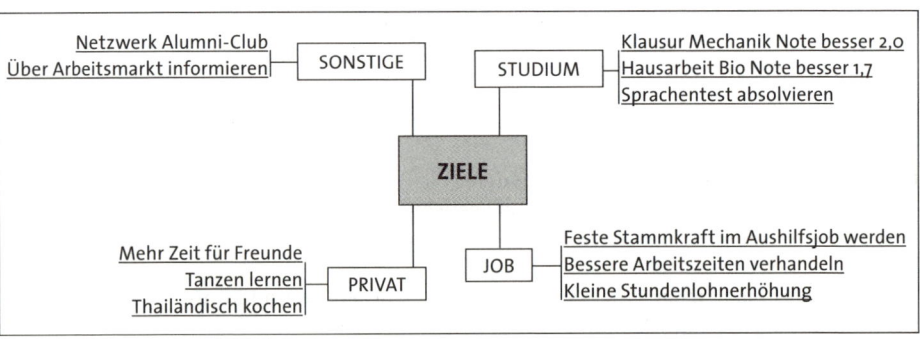

Ziele als Mind Map

Das bringt Sie weiter   **Literatur:** Krengel, M.: Der Survival-Guide für Studis
IR: »Ziele im Studium«

3.6 | Managen Sie Ihre Zeit professionell

Wenden Sie professionelles Zeitmanagement an, um mehr Freizeit, Zeit für Freunde, Zeit für Geselligkeit etc. zu erhalten. Nutzen

Reicht die Ihnen zur Verfügung stehende Zeit für alles, was Sie sich vornehmen? Oder kennen Sie das: Der Tag ist vorüber und zu wenig ist geschafft. Was hatten Sie sich für diesen Tag nicht alles vorgenommen. Und häufig müssen die Freizeit/Kontakte zu Freunden etc. stattdessen herhalten/gestrichen werden.

Anstatt sich auf die wichtigsten Aufgaben zu konzentrieren, verbringen viele Menschen einen großen Teil der Zeit mit nebensächlichen oder unwichtigen Arbeiten. Und das, obwohl der italienische Ökonom Vilfredo Federico Pareto (1848-1923) bereits im 19. Jahrhundert herausgefunden hat, dass 20 Prozent der Arbeit 80 Prozent des Erfolges bringen. Das bedeutet umgekehrt aber auch, dass die restlichen 80 Prozent der Arbeit nur 20 Prozent des Erfolges bringen. Daraus lässt sich für die Planung ableiten: Die Aufgaben, die mit 20 Prozent der Anstrengungen schon 80 Prozent des Erfolges bringen, müssen höchste Priorität bekommen. Pareto-Formel

Mittels professioneller Zeitplanung gelingt es Ihnen, mehr in weniger Zeit zu erreichen und damit mehr freie Zeit zu erhalten. Folgende Grundsätze sollten Sie beachten: Professionelle Zeitplanung

- Planen Sie konsequent alle Termine und Aktivitäten (To Do's) schriftlich. Pläne, die man nur im Kopf hat, werden eher vergessen oder verdrängt. Schriftliche Pläne entlasten das Gedächtnis. Die Kennzeichnung erledigter Aufgaben wirkt motivierend.
- Ordnen Sie allen Terminen und Aktivitäten Prioritäten zu. Benutzen Sie Kürzel wie z. B. A für die höchste Priorität, B für die zweithöchste und C für die niedrigste Priorität.
- Suchen Sie nach Zeitdieben (= alles, was Sie von der Arbeit abhält) und stellen Sie diese beharrlich ab.
- Verplanen Sie niemals mehr als 50 Prozent bis 60 Prozent der Ihnen zur Verfügung stehenden Zeit. Wir neigen bei der Planung von Aktivitäten nämlich immer zu Selbstüberschätzung. Außerdem werden wir tatsächlich immer wieder durch Störungen abgehalten.
Planen Sie also ausreichende Pufferzeiten ein!
- Beachten Sie: In 20 Prozent der zur Verfügung stehenden Zeit erledigen Sie 80 Prozent der Aufgaben (80/20 Regel).

Literatur: Hansen, K.: Selbst- und Zeitmanagement
IR: Zeitmanagement Das bringt Sie weiter

3.7 | Nutzen Sie ein Planungssystem

Nutzen **Erkennen Sie den umfangreichen Nutzen professioneller Planungssysteme.**

Planungssystem: Ein Planungssystem dient der Planung, Organisation und Kontrolle Ih-
wozu? rer Termine, Aktivitäten, Aufgaben und unterstützt Ihr Selbstmanagement. Die Form spielt eine untergeordnete Rolle und kann nach Ihren
Neigungen ausgesucht werden:

- Ein Planungssystem kann aus Karteikarten bestehen. Konkret werden häufig mehrfarbige Karteikarten im Format DIN A 6 genutzt. Die
  unterschiedlichen Farben haben von Ihnen zugeordnete Bedeutun-
  gen.
- Ebenso kann das Planungssystem ein einfacher Terminkalender
  sein. Für manchen hat der einfache, gute alte Taschenkalender etwas
  Besonderes und ist nützlich.
- In Frage kommt natürlich auch ein »professionelles« Zeitmanage-
  mentsystem auf Papier (Time-System, Löhn, Brunnen ....).
- Für die Planung, Organisation und Kontrolle Ihrer Aktivitäten und
  Termine etc. kann ebenfalls ein professionelles Computerprogramm
  wie Microsoft Outlook genutzt werden.
- Termine und Aktivitäten lassen sich aber auch einfach in einer
  (selbstkonzipierten) Datei verwalten (Textverarbeitung etc.). Sehr
  hilfreich kann hier die Suchfunktion des PCs sein. Wird eine solche
  portabel auf z. B. einem USB-Stick gespeichert, gewinnen Sie natür-
  lich eine Menge Flexibilität.
- Hilfreich können auch Mind Maps sein, insbesondere nämlich für die
  Verwaltung von Aufgaben und Aktivitäten.
- Eine weitere professionelle Variante stellen Handheld PCs (PDA =
  Personal-Digital-Assistant) dar.
- Von unterschiedlichen Anbietern (z. B. Internet-Providern) werden
  Möglichkeiten zur Zeitplanung im Internet angeboten. Der Vorteil:
  Diese Planungssysteme sind überall abrufbar.
- Ein Planungssystem kann von Ihnen auch selber ausgedacht sein
  und ganz anders, viel kreativer sein, als es hier beschrieben ist.

Nutzen Sie Nochmals: Es kommt keinesfalls darauf an, für welche der oben ge-
Ihr Planungs- nannten Varianten Sie sich entscheiden. Wichtig ist jedoch, dass Sie die
system täglich gewählte Variante absolut professionell und konsequent anwenden. Arbeiten Sie täglich mit Ihrem Planungssystem und tragen Sie alles darin
ein, was für Ihre Zielsetzungen wichtig ist.

Das bringt **Literatur:** Knoblauch, J. u. a.: Zeitmanagement
Sie weiter **IR:** Zeitplaner

3.8 | Planen Sie Ihre Termine konsequent

Sie bekommen eine Übersicht über Ihre Termine, vergessen keine mehr und haben stets einen guten Überblick. Nutzen

- Notieren Sie alle Ihre Termine: Veranstaltungszeiten, Prüfungsdaten, persönliche Verpflichtungen, Feiern, Feste, Fristen, Abgabetermine, Fertigstellungstermine etc. Termin-management
- Schreiben Sie auch wiederkehrende Daten wie Geburtstage etc. auf. Jeder, dem Sie gratulieren und dem Sie so signalisieren, dass Sie an sie/an ihn denken, wird sich freuen.
- Gehen Sie abends regelmäßig die Termine des nächsten Tages durch und vergewissern Sie sich am Anfang der Woche über die in den nächsten Tagen anstehenden Termine.
- Vergeben Sie keine Termine, ohne sich vorher zu vergewissern, dass die Zeit noch frei ist bzw. weisen wenigstens darauf hin, dass Sie dies noch überprüfen müssen.
- Notieren Sie bei dem Termin vorab wichtige Aspekte (z. B. welche Fragen Sie klären wollen) und auch wesentliche Ergebnisse.
- Analysieren Sie Ihre Termine täglich/wöchentlich und leiten Sie daraus Informationen ab, um Ihre Planung/Ihre Arbeit zu optimieren, z. B.: Wie viel Zeit haben Sie in Veranstaltungen verbracht? Wie lange dauerten die Fahrtzeiten? Welche Zeit verblieb für das »eigentliche« Lernen? Wie viel Zeit hatten Sie für Freunde/Geselligkeit? Welche Zeit haben Sie für die Erledigung welcher Aufgabe benötigt?

Für bestimmte Zwecke ist eine Übersicht über die Termine eines längeren Zeitraumes, z. B. eines Monats oder eines Jahres wichtig. Eine gute grobe Übersicht lässt sich leicht in Tabellenkalkulationsprogrammen (z. B. Excel) erstellen: Hilfsmittel

	Jan	Feb	Mrz	Apr	Mai	Jun	Jul
Aufgabe 1	▓	▓					
Aufgabe 2			▓				
Aufgabe 3				▓	▓		
Aufgabe 4					▓	▓	
Aufgabe 5						▓	▓

Gantt-Diagramm

Eine solche Darstellung wird als Gantt-Diagramm bezeichnet. Die einzelnen Aufgaben/Aktivitäten werden dann in den Zeilen mittels waagerechten Balken dargestellt. Bei Aufgaben, die sich überschneiden, überlappen sich auch die Balken im Diagramm.

Literatur: DeMarco, T. u.a.: Der Termin
IR: »Termine planen« --- filetype:pdf Das bringt Sie weiter

3.9 | Erkennen Sie Ihre persönlichen Zeitfresser

Nutzen   Erkennen Sie Ihre persönlichen Zeitfresser, um sie wirkungsvoll vertreiben/abstellen zu können.

Meine Zeitfresser   Im Folgenden sind die häufigsten Zeitfresser (Zeitdiebe) – alphabetisch sortiert – aufgeschrieben. Suchen Sie die für Sie persönlich relevanten heraus und bekämpfen Sie diese konsequent:

- Ablenkungen jeder Art.
- Alles auf einmal erledigen wollen.
- Aufschieberitis – »Das kann ich morgen erledigen«.
- Besucher.
- Chaotischer Schreibtisch.
- Ein Schwätzchen in Ehren.
- Fehlende Selbstdisziplin.
- Fehlende Ziele.
- Fernsehen.
- Keine Prioritäten.
- Lärm.
- Mangelnde Motivation.
- Mangelnde Ordnung.
- Musik.
- Persönliche Desorganisation.
- Radio.
- Schlecht sortierte Ablage.
- Schlechte Planung.
- Schlechte Zusammenarbeit.
- Sich für alles interessieren.
- Suche nach Telefonnummern, Adressen, Dokumenten.
- Telefon.
- Überfüllter Arbeitsplatz.
- Übertriebenes Geltungsbedürfnis.
- Unfähigkeit, »Nein« zu sagen.
- Unklare Zielsetzung.
- Unrealistische Zeit- und Prioritäteneinschätzung.
- Zu ALLEM »Ja« sagen.
- Zu viele Termine.
- Zu wenig Delegation.

Das bringt Sie weiter   **Literatur:** Seiwert, L.: Das neue 1x1 des Zeitmanagement
IR: Zeitfresser

3.10 | Berücksichtigen Sie Ihre Leistungskurve

Kenntnisse über die Leistungsschwerpunkte des Arbeitstages verbessern das Leistungsergebnis.   Nutzen

Die Leistungskurve ist über den Tag starken Schwankungen ausgesetzt. In der Regel kann sie wie folgt beschrieben werden:
- Der Höhepunkt der Leistungsfähigkeit liegt zwischen 9 und 11 Uhr.
- Daran schließt sich ein Leistungstief am frühen Nachmittag an.
- Am frühen Abend – etwa 17 bis 19 Uhr – gibt es ein Zwischenhoch.

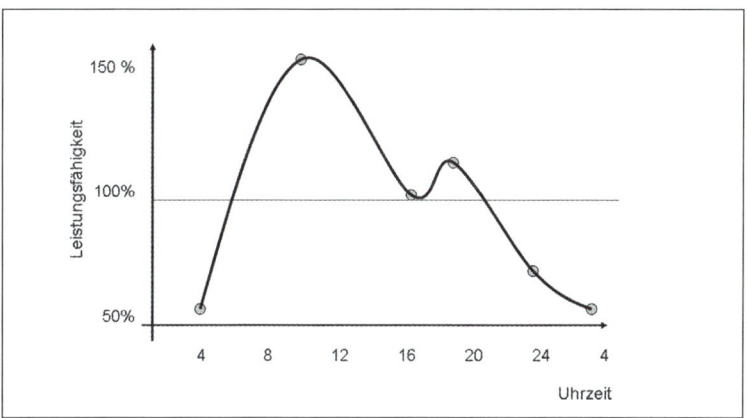

Leistungskurve

Beachten Sie:
- Über den ganzen Arbeitstag wird ein solches Hoch der Leistungsfähigkeit wie am Vormittag nicht wieder erreicht. Ziehen Sie daraus unbedingt die Konsequenzen: Bearbeiten Sie in dieser Zeit die im Bezug auf Ihre Zielsetzungen wichtigsten Aufgaben. Legen Sie Routineaufgaben eher in die leistungsschwachen Zeiten.
- Viele Menschen versuchen, das Leistungstief am Nachmittag durch Kaffee zu bekämpfen. Möglicherweise verlängern Sie dadurch jedoch die Wirkung des Leistungstiefs.
- Die Leistungskurve variiert von Mensch zu Mensch – finden Sie deshalb heraus, wie Ihre persönliche Leistungskurve verläuft und planen Sie Ihre Tätigkeiten entsprechend.

Literatur: Echterhoff, G. u.a.: Projekt- und Zeitmanagement
IR: Leistungskurve

Das bringt
Sie weiter

3.11 | Planen Sie Ihre Aufgaben mit Prioritäten

Nutzen **Sie kommen Ihren Zielen schneller näher, wenn Sie die ausstehenden Aufgaben/Aktivitäten notieren und priorisieren.**

Eigentlich ist es doch ganz einfach und sehr überzeugend: Wenn Sie eine Reise nach Österreich planen, ist es besonders wichtig, die Fahrkarten zu beschaffen und ein Zimmer zu buchen. Diese beiden Aufgaben haben eine höhere Priorität als die Zusammenstellung einer kleinen Reiseapotheke. Letzteres ist aber möglicherweise wichtiger als die Beschaffung von Lesestoff zur Überbrückung der Reisezeit. Dies ist eher unwichtig, den gibt es noch am Bahnhof etc.

Prioriäten-management Genau so verhält es sich im Studium. Manche Aufgaben sind eher »studien-überlebenswichtig«, andere sind mittelwichtig und dann gibt es noch solche, zu denen man landläufig sagt »nice to have«.
- Notieren Sie alle anstehenden Aufgaben/Aktivitäten in einer Liste.
- Teilen Sie die Aufgaben gemäß Prioritäten ein, sortieren Sie sie und bezeichnen diese entsprechend (A,B,C ... 1,2,3 ... I,II,III ...).
- Ergänzen Sie die Liste stets, wenn neue Aufgaben/Aktivitäten hinzukommen und streichen Sie stets bereits erledigte.
- Gehen Sie die Liste täglich – ggf. mehrmals – durch.

Hinweis Statt von Aufgaben/Aktivitäten spricht man häufig von To do's und nennt die Liste entsprechend »To-do-Liste«.

Zuordnung der Prioitäten Prioritäten können Sie – unter Beachtung des Pareto-Prinzips – etwa wie folgt zuordnen:
- A-Aufgaben (1, I etc.) sind die wichtigsten Aufgaben, Ihre Kernaufgaben. Sie machen insgesamt nur einen relativ kleinen Anteil der Aufgaben aus. Sie sind aber für Ihre persönlichen Ziele sehr bedeutsam. Es ist ratsam, diese selber zu erledigen und nicht zu delegieren. (Hinweis: Bereits im Studium gibt es Möglichkeiten der Delegation: Sie können z.B. an andere Studierende im Rahmen einer Gruppenarbeit, innerhalb der Lerngruppe, in einem Projektteam etc. delegieren.)
- B-Aufgaben (2, II etc.) sind Aufgaben, die mittelwichtig sind. Sie erlangen mit diesen Aufgaben etwa 20 Prozent der Zielerreichung.
- C-Aufgaben (3, III etc.) sind weniger wichtig bzw. unwichtig. Hier finden Sie einen großen Teil Ihrer Aufgaben wieder. Die Bedeutung der C-Aufgaben für Ihre persönliche Zielerreichung ist gering.

Das bringt Sie weiter **Literatur:** Grüning, C.: Garantiert mehr Zeit
IR: Zeitmanagement --- Aufgaben planen

3.12 | Unterscheiden Sie Wichtiges und Dringliches

Aufgaben werden nach Dringlichkeit/Wichtigkeit geordnet – aber was ist entscheidend? Wie es richtig geht, lesen Sie hier.

Nutzen

Wer kennt die nachfolgend geschilderte Situation nicht so oder ähnlich:

Es ist kurz nach 08:00 Uhr. Ein letzter Schluck Kaffee aus der Tigerentenlieblingstasse, da fällt der Blick auf die Anzeige des Discounters, der »all die guten Waren hat«. Das habe ich doch tatsächlich übersehen. Dort gibt es einen MP3-Player mit mehr als xxx GB Speicher zu einem sensationellen Preis. Ein Gedanke schießt durch den Kopf: »Wenn ich jetzt nicht gleich losfahre, könnte es sein, dass ich keinen mehr bekomme. Aber einen solchen Player habe ich mir doch schon lange gewünscht. Da muss ich dringend hin.«

Beispiel

Aber – da erwischt mich ein weiterer Gedanke hart wie ein Sprung ins Kaltwasserbecken nach der Sauna: Eigentlich wollte ich doch das nächste Kapitel für die Klausur Ende des Monats lernen. Und die ist – wie die Erfahrung der Vergangenheit lehrt – besonders wichtig.

Was hat Vorrang? Geht es nach Wichtigkeit oder Dringlichkeit? Machen Sie sich zunächst nochmals die Alternativen klar:

Dringlichkeit		**Wichtigkeit**	
		niedrig	hoch
	hoch	?	?
	niedrig	?	?

Wichtigkeit versus Dringlichkeit

Verdeutlichen wir uns kurz, was die beiden Begriffe eigentlich bedeuten:

- Wichtig meint erheblich, erheblich nämlich im Sinne der Ziele, die Sie sich gesetzt haben.
- Dringlich bedeutet dringend/unaufschiebbar im zeitlichen Horizont. Im Extremfall sogar: Jetzt oder nie … .

Dringlichkeit		**Wichtigkeit**	
		niedrig	hoch
	hoch	C	A
	niedrig	… let it be … / don't worry	B

Eisenhower-Matrix

Deshalb folgen Sie dem Eisenhower-Prinzip:

- Aufgaben, die sowohl wichtig als auch dringlich sind, sind wesentlich. Ihnen gehört die schnelle und ungeteilte Aufmerksamkeit. Priorität A.
- Solche, die zwar wichtig, aber nicht dringlich sind, erfordern Ihre Aufmerksamkeit und Engagement. Priorität B.
- Solche, die Ihnen dringlich erscheinen/erläutert werden, die aber nicht wichtig sind, werden Sie bei der Erreichung Ihrer Ziele nicht weiterbringen. Wenn nichts Anderes dem im Wege steht, können Sie diese möglichst delegieren. Was soll's? Priorität C.
- Aufgaben, die weder dringlich noch wichtig sind, sollten Sie nicht interessieren. »Don't worry, be happy«. Ab in den Papierkorb!

Das ist die Lösung: Sie bitten eine Freundin, den Player einzukaufen. Zügeln Sie Ihren eigenen Perfektionismus. Bedenken Sie nochmals das Pareto-Prinzip: In der Regel erledigen Sie in 20 Prozent der zur Verfügung stehenden Zeit 80 Prozent der Aufgaben. Die restlichen 20 Prozent der Aufgaben benötigen 80 Prozent der zur Verfügung stehenden Zeit. Halten Sie sich nicht an Aufgaben auf, die Ihnen keinen Mehrwert schaffen.

Alpen-Methode Wichtige Voraussetzung ist auf jeden Fall, dass Sie der von Lothar Seiwert entwickelten Alpen-Methode folgen und somit einige Minuten pro Tag investieren, um zu planen.

A Notieren Sie Aktivitäten und Aufgaben.

L Schätzen Sie die benötigte Zeitdauer im Einzelnen ab.

P Reservieren Sie Pufferzeit – ca. 40 Prozent – für Unvorhergesehenes.

E Ordnen Sie Prioritäten zu.

N Kontrollieren Sie die Erledigung und übertragen Sie Unerledigtes auf den nächsten Tag.

Ihr Erfolg: Sie sind gut organisiert, Sie arbeiten produktiver, Sie haben deutlich weniger Stress und deutlich mehr Erfolg, weil Sie den Überblick behalten.

Hinweis Die Pufferzeiten werden in der Regel mit 40 Prozent angenommen. Insofern sind nur 60 Prozent der Arbeitszeit verplanbar. Die tatsächliche benötigte Pufferzeit ist aber von Person zu Person unterschiedlich und kann insbesondere beim Studienmanagement auch erheblich geringer sein. Bitte erfahren Sie selber z. B. durch Aufschreibung, welches der richtige Wert für Ihre Situation ist.

Das bringt Sie weiter **Literatur:** Mayer, J. J.: Zeitmanagement für Dummies --- Seiwert, L. J.: Mehr Zeit für das Wesentliche
IR: Eisenhower Prinzip

3.13 | Delegieren Sie nach Möglichkeit

Lernen Sie zu »delegieren« und erledigen Sie nur noch die Hälfte selber.   Nutzen

Delegieren bedeutet beauftragen, anvertrauen, übergeben, entsenden, betrauen. Im Kern geht es darum, einen anderen Menschen mit einer Aufgabe zu beauftragen. Sie fragen sich vielleicht, wie denn Studierende »delegieren« können. Ganz einfach, also: Was bedeutet delegieren?

- Sie können eine Aufgabe an jemanden delegieren, indem Sie ihn/sie einfach freundlich darum bitten, z. B. um eine Mitschrift, die Ergebnisse einer Informationsveranstaltung.
- Sie können eine Aufgabe delegieren, indem Sie ein Angebot machen: Tausche meine Lernkarten gegen Deine. Lade Dich einmal im Monat zum Italiener ein etc.
- Sie können delegieren, indem Sie sich die Arbeit aufteilen, also eine Aufgabe gemeinsam erledigen.
- Sie können delegieren, indem Sie sich professionelle Hilfe einkaufen, z. B. zur Kontrolle und Korrektur von Übersetzungen.
- Bitten Sie jemanden um Hilfe, bei dem/der Sie noch etwas gut haben, der/die Ihnen noch etwas schuldig ist.
- Delegieren Sie an Freunde, Verwandte (z. B. Korrekturlesen, Prüfung der Verständlichkeit von Texten, etwas einkaufen).
- Lehnen Sie konsequent »Aufträge« ab, die ihnen jemand unberechtigt zuschieben will.

Delegieren im Studium ist eine gute Vorübung für die Arbeit im späteren Job, aber: Delegieren will gelernt sein.

Wenn Sie delegieren, sollten Sie folgende Regeln beachten. Machen Sie denen, an die Sie delegieren klar: Regeln

- Was getan werden soll,
- warum es getan werden soll,
- wie es getan werden soll und
- bis wann es getan werden soll.

Sprechen Sie sich ausreichend mit Ihren Mitstreitern ab und bauen Sie in die Terminierung noch einen zeitlichen Puffer ein. Halten Sie die Absprachen ggf. schriftlich fest. Informieren Sie sich durch Absprachen auch zwischendurch ob alles so läuft, wie Sie es sich gewünscht bzw. mit Ihren Mitstreitern abgesprochen habe.

Literatur: Kratz, H. J.: 30 Minuten für effektives Delegieren
IR: Delegation --- Delegieren   Das bringt Sie weiter

3.14 | Probleme müssen auf den Tisch

Nutzen **Erkennen Sie, dass man Probleme lösen und nicht herausschieben sollte.**

Eigentlich müssten Sie umgehend klären, ob die Scheine aus dem Auslandsstudium auch an Ihrer Heimathochschule anerkannt werden. Wenn Sie nämlich anerkannt werden, dann ist alles bestens in Ordnung. Wenn sie jedoch nicht anerkannt werden, dann sind Veranstaltungen nachzuholen und dürfen möglicherweise vorher bestimmte Prüfungen nicht absolviert werden. So oder so ähnlich könnte es realistisch sein. Was tun?

Kölsches Projektmanagement
Abwarten und verschleppen nach dem alten kölschen Motto?
§ 1 Et es wie et es.
    Es ist wie es ist.
§ 2 Et kütt wie et kütt.
    Es kommt wie es kommt.
§ 3 Et hätt noch immer jot jejange.
    Es ist noch immer gut gegangen.
§ 4 Wat fott es es fott.
    Was weg ist, ist weg.
§ 5 Et bliev nix wie et wor.
    Es bleibt nichts, wie es war.
§ 6 Kenne mer nit, bruche mer nit, fott domet.
    Was wir nicht kennen, brauchen wir nicht, weg damit.
§ 7 Wat wellste maache?
    Was willst Du machen, akzeptiere es so, wie es ist.

Probleme müssen auf den Tisch!
So oder so ähnlich ein häufig anzutreffendes Vorgehen. Grundlegend falsch! Grundlegend richtig: Probleme müssen auf den Tisch, also angesprochen und geklärt werden, so das richtige Vorgehen. Und das sollte ab heute Ihre Methode sein. Alles andere macht keinen Sinn, weil: Die Probleme werden sich, wenn sie nicht sowieso jetzt schon zu lösen sind, sowieso auftun. Und häufig gilt: Je später die Probleme deutlich werden, umso schwerwiegender sind sie und umso weniger Zeit verbleibt, diese zu lösen. Versuchen Sie vielmehr, eine Risikoanalyse durchzuführen, also systematisch alle die Felder, Bereiche, Aktivitäten etc. zu finden, die mit (hohem Risiko) verbunden sind. Suchen Sie Wege, die Risiken konsequent zu beseitigen.

Das bringt Sie weiter
Literatur: Mücke, K.: Hilf Dir selbst und werde, was Du bist
IR: »Probleme auf den Tisch«

3.15 | Verwalten Sie Ihre Adressen/Kontakte

Eine perfekte Adressenverwaltung erspart Ihnen viel Sucherei und   Nutzen
bringt Ihnen jede Menge freie Zeit.

Früher war ich eigentlich ständig auf der Suche nach einer Adresse oder einer Telefonnummer. Geht es Ihnen auch so? So langsam aber sicher habe ich das nun in den Griff bekommen. Ich verwalte meine Adressen/Kontakte inzwischen professionell. Aber nicht so vorschnell: Es geht nicht um ein bestimmtes Medium, es geht nur um Disziplin!

- Sicher, ein Handheld-PC (Palm..., also ein elektronisches Notizbuch)   Disziplin
  ist nicht schlecht, aber auch nicht in jedem Fall und für jeden besser als ein Ringbuch, ein Notizbuch, eine Karteikartensammlung. Es geht in Wirklichkeit nur um ein konsequentes, standardisiertes Vorgehen.
- Es geht darum, Adressen, Telefonnummern etc. nicht an tausend Stellen zu notieren, sondern ganz genau an einer einzigen.
- Und es geht um das, was man notiert. Es geht um möglichst zweckmäßige und vollständige Angaben.
- Und wenn Sie dann ganz professionell werden wollen, so nutzen Sie Ihr Aufzeichnungsmedium, um Informationen über Ihre Kontakte zu speichern, z.B., wann Sie sich getroffen haben, was Sie vereinbart haben, was für die Zukunft wichtig ist etc., aber auch persönliche Angaben: Hobbys, Geburtstag, familiäre Situation, Vorlieben. Was meinen Sie, wie erstaunt ein lange nicht gesehener Gesprächspartner ist, der feststellt, dass Sie sich noch an sehr viele Details aus dem letzten Gespräch erinnern!

Der zuletzt genannte Aspekt bedeutet ein (umfassendes) Kontaktma-   Kontakt-
nagement. Wann kann das im Studium bedeutend sein?   management
- Sie dokumentieren z.B. alle Informationen, die Sie in Gesprächen mit dem Betreuer Ihrer Abschlussarbeit, dem Verantwortlichen für ein länger andauerndes Studienprojekt etc. erhalten haben.
- Sie notieren Hinweise, die Ihnen Studierende gegeben haben, mit denen Sie auch über das Studium hinaus Kontakt halten möchten.
- Sie notieren Informationen bezüglich der Kontakte, die Sie in Ihrem persönlichen Netzwerk erlangt haben. Also Kontakte zu Menschen, auf die Sie möglicherweise später (z.B. in einer beruflich wichtigen Situation, Netzwerk) zugehen möchten.

Software: Adress Genie 5, ISBN: 3-8158-8230-3   Das bringt
IR: Adressverwaltung --- Kontaktmanagement --- CRM   Sie weiter

3.16 | Nutzen Sie standardisierte Abkürzungen und Symbole

Nutzen Standardisierte Abkürzungen, Symbole und Farben etc. bereiten wenig Mühe, erleichtern aber die Arbeit erheblich und sparen Zeit.

Korrekturzeichen Für die Korrektur von Dokumenten gibt es standardisierte Korrekturzeichen nach DIN 16511, z. B. für andere Schrifttypen, andere Schriftgröße, versehentlich falsch Hervorgehobenes, fälschlich aus anderen Schriften gesetzte Buchstaben, fehlende Buchstaben, fehlende Wörter, zu tilgende Buchstaben oder Wörter etc. Lernen und nutzen Sie diese.

Abkürzungen Daneben empfiehlt es sich, auch andere »quasi standardisierte« und individualisierte Abkürzungen zu nutzen, etwa im Bereich der Wirtschaftswissenschaften:

FiBu = Finanzbuchhaltung
KoRe = Kostenrechnung
AV = Anlagevermögen
UV = Umlaufvermögen
EK = Eigenkapital
FK = Fremdkapital
JA = Jahresabschluss
GuV = Gewinn- und Verlust
A = Aktiva
P = Passiva
S = Soll
H = Haben
HGB = Handelsgesetzbuch
B2B = Business to Business
B2C = Business to Consumer
B2PA = Business to Public Administration
U = Unternehmen
MA = Mitarbeiter
MT = Manntage
BWL = Betriebswirtschaftslehre
VWL = Volkswirtschaftslehre
EDV = Elektronische Datenverarbeitung
ppa = per Prokura
St = Stück
MWSt = Mehrwertsteuer
MIS = Management-Informations-System
KSt = Körperschaftsteuer

Das bringt Sie weiter **Literatur:** DIN e.V. (Hrsg.); Korrekturzeichen und deren Anwendung, Duden, 24. Auflage
IR: »Korrekturzeichen DIN 16511« --- http://www.zingel.de/bwlabk.htm

3.17 | Professionelle Planung ist effizient

Senken Sie Aufwand und Mühe durch professionelle Planung.

Planung meint die gedankliche Vorwegnahme zukünftigen Geschehens.

Sie wollen ein Wochenende in einer wunderschönen Stadt verbringen. Planlos bedeutet im Stau stehen, keine Tankstelle finden, nur auf ausgebuchte Hotels treffen, planvoll hingegen wird es ein ruhiger Kurzurlaub von Anfang an. Und wie halten Sie es im Studium – planlos oder planvoll?

Aber halt, damit kein Missverständnis entsteht: Planen ist nicht nur was für die großen, außerordentlichen »Events«. Nein, ganz und gar nicht. Planung ist vielmehr etwas für immer, für jeden Tag, etwas Alltägliches:

Erfolgreiche Menschen planen ihr Tun. Erfolgreiche Menschen planen ihren Tag. Nicht ziellos, sondern zielgerichtet.

Was gilt es im Studium zu planen?

- Termine,
- Prüfungen,
- Hausarbeiten,
- die Abschlussarbeit,
- die Vorbereitung auf eine Klausur,
- Studienprojekte,
- den Tag,
- die Woche,
- Lernphasen,
- die Freizeit (zum Teil zumindest),
- Mitwirkung in der Studentischen Selbstverwaltung,
- Mitwirkung in Netzwerken

Ein wichtiges Planungselement sind neben konkreten Terminen, Events, Aufgaben etc. Meilensteine (engl. Milestones). Unter Meilensteinen versteht man Ereignisse von besonderer Bedeutung, die es zu erreichen gilt. Beispielsweise im Rahmen der Prüfungsvorbereitung für ein Fach kann die Planung bestimmte zu lernende Kapitel als Meilensteine umfassen. Die Erfolgsmeldung lautet: Meilenstein erreicht. Das motiviert! Auch hier gilt wiederum: Es geht insbesondere um das konsequente Tun, nicht um das Medium. Die einen tun es mit Papier, die anderen mit einem Laptop, alles o.k., wesentlich nur: Tun Sie es konsequent!

Literatur: Endler, S.: Projektmanagement in der Schule
IR: define:Meilenstein

3.18 | Wählen Sie ein passendes Planungssystem

Nutzen **Nutzen Sie die vielfältigen Möglichkeiten der Planungssysteme und Sie haben immer alles Wichtige griffbereit.**

Mittels eines Planungssystems (Selbstmanagementsystems) können unterschiedliche Aufgaben erledigt werden. Je nach System stehen – insbesondere elektronisch – die folgenden Funktionalitäten zur Verfügung.

Funktionalitäten **Planung von Terminen:**
- Übersichtliche Darstellung pro Tag, Woche, Monat, Jahr,
- Planung wiederkehrender Termine, z. B. wöchentlich oder jährlich wiederkehrend,
- Möglichkeit, Notizen zum Termin aufzuschreiben,
- Anhang von Dateien,
- Elektronische Erinnerung an Termine,
- Ausdruck auf Papier,
- Speicherung und Archivierung.

Planung von Aufgaben:
- Anfangstermine,
- Endtermine,
- Prioritäten,
- Kostenschätzung,
- Einteilung in unterschiedliche Kategorien,
- Notierung von Notizen,
- automatische Erinnerung,
- Darstellung unerledigter/offener Aufgaben,
- Übersicht über erledigte Aufgaben.

Verwaltung von Adressen (häufig als Kontakte bezeichnet):
- Name,
- Vorname,
- Anschrift,
- Telefon,
- Geburtstag,
- E-Mail-Adresse,
- Internetseite,
- Protokollierung von Kontakten, die stattgefunden haben,
- Notizen/Informationen.

Das bringt Sie weiter **Literatur:** Seiwert, L. J. u.a.: Zeitmanagement mit Microsoft Office Outlook
IR: Outlook filetype:pdf

3.19 | Professionelle Planung auf Papier

Professionelle Planungssysteme auf Papier erleichtern Ihnen die Planung bereits erheblich.   Nutzen

Neben dem klassischen Papierkalender gibt es professionelle Planungssysteme sowohl in unterschiedlichen Größen (z. B. DIN A5 und DIN A6) als auch in unterschiedlichen Preislagen. Sie differenzieren sich insbesondere dadurch, dass unterschiedlich standardisierte Formulare angeboten (Kalendarium, To-do-Liste für Aufgaben und Aktivitäten, Memo-Blätter) und häufig spezielle Lochungen genutzt werden.

Viele Anbieter haben eine spezielle Lochung der Blätter entwickelt, die sich in herkömmlichen Ordnern oder Systemen anderer Anbieter von Planungssystemen nicht nutzen lassen.

Es gibt aber auch universell nutzbare Lochungen, z. B. von Herlitz.   Hinweis

Bekannt sind insbesondere die Timer der Firmen Chronograph, Time System, Brunnen und Löhn. Informieren Sie sich anhand von Testberichten im Internet und sprechen Sie mit Freunden und Bekannten, die bereits Systeme einsetzen, über deren Erfahrungen.   Testberichte

Häufig sind die Planungssysteme mit einer bestimmten Planmethode verbunden.   Planmethoden

So etwa die Löhn-Methode, die eine umfassende Methode für Selbstmanagement, Projektmanagement, Informationsmanagement, Zielfindung und Selbstmotivation ist und sogar als »KinderLöhn JOE – Die coole Arbeitstechnik für Schüler nach der LöhnMethode« weiterentwickelt wurde. Die Methode kann aber nicht nur auf Papier, sondern auch mit PC-Unterstützung oder auf einem Handheld-PC durchgeführt werden.

Die Tempus-Methode bietet mittels vielfältiger Produkte und Seminare, ebenfalls Zeit-, Ziel- und Lebensmanagement und wurde von dem bekannten Autor Prof. Dr. Jörg Knoblauch entwickelt.

Materialien für Planungssysteme können aber auch selbstständig in Textverarbeitungssystemen erstellt und für den eigenen Bedarf ausgedruckt werden. Teilweise bieten die Hersteller hier entsprechende Vorlagen auf CD-Rom an, die Sie problemlos nutzen können.

Literatur: Knoblauch, J. u.a.: Zeitmanagement   Das bringt
IR: http://www.loehnmethode.de/--- http://www.tempus.de   Sie weiter

3.20 | Planung mittels professioneller Software

Nutzen **Professionelle Software bietet noch weiteren Komfort.**

Professionelle Planungssysteme (häufig auch als Software zur Bürokommunikation bezeichnet, wie z. B. Microsoft Outlook, Lotus Notes u.a.) bieten Ihnen die notwendigen Funktionalitäten in den Bereichen Terminplanung, Aktivitäten/Aufgabenplanung, Kontaktverwaltung etc.

Meistens wird über diese Programme auch die E-Mail-Verwaltung etc. abgewickelt. Vereinfacht wird auch die (Langzeit-)Archivierung von Informationen.

Sehr komfortabel sind die in der Software nutzbaren Such- und Sortierfunktionen. Geben Sie beispielsweise einfach den Namen »Höhnerbach« in die Suchfunktion ein, und die Software sucht z. B. alle Termine, Notizen etc., bei denen der Name »Höhnerbach« notiert ist. Ist die Software auf einem Laptop installiert, so sind Sie mit der Nutzung der Programme nochmals erheblich flexibler.

Informieren Sie sich im Internet.

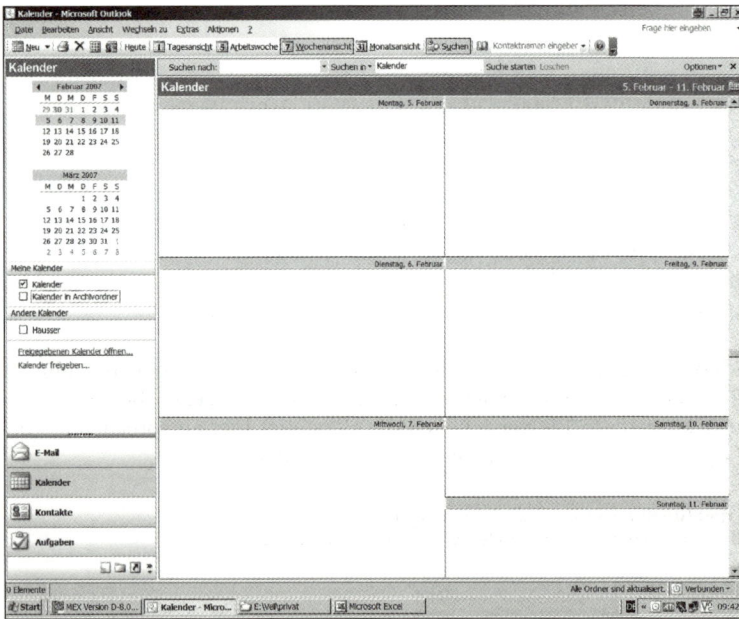

Microsoft Outlook

Das bringt **Literatur:** Seiwert, L. u.a.: Zeitmanagement mit Microsoft Office Outlook
Sie weiter **IR:** Outlook filetype:pdf

3.21 | Planung mit Hilfe von Textverarbeitung

Auch mit einer einfachen Textverarbeitungsdatei lassen sich bereits viele der aufgeführten Vorteile realisieren. Nutzen

Überall ist heute die Rede von Vereinfachung: »Simplify«. Viele der genannten Funktionalitäten professioneller Planungssysteme lassen sich auch in weit verbreiteten Programmen, z. B. einer Textverarbeitung, nachvollziehen. Sie fragen sich, wie das geht? Ganz einfach: Vorzugsweise in einem Textverarbeitungsdokument richten Sie z. B. mittels der enthaltenen Formatvorlagen und Verzeichnisse mehrere Kapitel ein, etwa Termine, To-do's, Kontakte, Notizen. Innerhalb der Kapitel nutzen Sie geeignete Untergliederungen und Tabellen etc., beispielsweise für den Kalender, Kontakte, Aufgaben:

Datum	Uhrzeit	Termin
12.04.07	12:00 – 14:00	Lerngruppe bei Arno. Mitbringen: Mitschrift …. Chips …
20.04.07	Bis 13:00	Klaus anrufen
22.04.07	12:00	Termin wegen BAFÖG. Unterlagen mitbringen

Terminplanung

Name	Höhnerbach, Klaus
Anschrift	Elmsglück …..
Telefon	
E-Mail	
URL	
Geburtsdatum	
Kontakt	

Kontaktplanung

Aufgabe	Zu erledigen bis
Buch S. 12 – 27 lesen	15.04.07
Prüfungsanmeldung	21.04.07
Aufgaben lösen	25.04.07

Aufgabenplanung

Sie können die entsprechende Datei auf einem USB-Stick speichern und überall dort nutzen, wo Sie einen PC/Laptop zur Verfügung haben, was allerdings auch die notwendige Voraussetzung zur Nutzung der Planungsdatei ist. Beachten Sie auch weiter unten den Hinweis auf die Memo^{stud}-Datei. Vorteil

Literatur: Eder, B.: Durchstarten zum Computerführerschein (ECDL)
IR: »Verzeichnis in Word« filetype:pdf --- www.vorlagen.de

Das bringt
Sie weiter

3.22 | Planung mittels Handheld-PC

Nutzen **Für mich persönlich der »King« unter den Planungssystemen – hier liegt die Zukunft – bereiten Sie sich bereits heute vor!**

Handheld-PCs (PDA = Personal Digital Assistant/Pocket PC) sind klein, handlich und stets dabei. Handheld-PCs sind immer schnell verfügbar, weil sie mit einem Betriebssystem ausgerüstet sind, das umgehend benutzbar ist. Die langen Startzeiten, die Sie von Ihrem PC oder Laptop kennen, gibt es hier nicht. Handheld-PCs verfügen über die üblichen Funktionalitäten, die für die Planung von Terminen, Aktivitäten und die Verwaltung von Kontakten etc. benötigt werden. Handheld-PCs bieten jedoch – je nach Modell und Software – weitere Möglichkeiten:

Möglichkeiten
- Erinnerung per »Tonsignal« an wichtige Termine und Aufgaben,
- Anhängen von Dateien an Termine,
- Notizen,
- Handschrifterkennung – (Sie können mit Ihrer Handschrift Texte eingeben, durch eine Schrifterkennungssoftware werden die Eingaben umgesetzt – bitte im Einzelfall Qualität prüfen!),
- Suchfunktion, die Ihnen das Auffinden von Infos erleichtert,
- mittels Infrarot/Bluetooth/W-Lan können Sie Verbindungen zu anderen Geräten (PC, Laptop, Handheld-PC) aufnehmen und unkompliziert Daten weitergeben (z. B. Ihre elektronische Visitenkarte),
- Textverarbeitung,
- Tabellenkalkulation (z. B. Microsoft Word),
- Taschenrechner,
- E-Mail-Bearbeitung,
- archivieren von Dateien,
- Wörterbücher,
- Fachinformationen (z. B. für Apotheker, Bibel für Theologen),
- Formelsammlungen,
- Vokabeltrainer,
- Abspielen von Musikstücken und Videos, Spiele,
- Auto-Navigation in Verbindung mit GPS,
- Spiele, z. B. das gehirngerechte »Sudoku«.

Manche Modelle dienen zugleich als Handy/Kamera.

Falls Ihnen das Schreiben auf den Handheld-PCs zu umständlich ist, so können Sie in der Regel auch eine Tastatur, die den üblichen ähnlich ist, per Infrarot anschließen.

Das bringt **Literatur:** Grieser, F.: Das PocketPC 2003 Buch
Sie weiter **IR:** http://de.wikipedia.org/wiki/PDA

3.23 | Synchronisation von Handheld-PC und Software

Besser können Sie nicht ausgestattet sein – Nutzen und erlernen Sie im Studium die im Berufsleben weit verbreitete Technik.

Nutzen

Handheld-PCs (Pocket + PCs) werden in der Regel mit einem oder mehreren Stand-PCs/Laptops verbunden. Dazu wird eine Docking-Station genutzt, die über ein Kabel und eine USB-Schnittstelle angekoppelt wird. Dies bringt weitere wichtige Vorteile:

- Die Daten des Handheld-PCs können auf dem Stand-PC/Laptop gesichert werden. Dies geht über eine Synchronisation bei entsprechender Programmeinstellung automatisch. Sobald der Handheld-PC in die Docking-Station gestellt wird, werden die Daten gemäß den in der Software angegebenen Einstellungen synchronisiert. Die Daten werden also von jeweils dem einen Medium auf das andere übertragen und liegen dann auf beiden vor.

Vorteile

- Ein Zugriff auf die gespeicherten Daten ist auf dem Stand-PC/Laptop unabhängig vom Handheld-PC möglich, etwa über Microsoft Outlook. Unabhängig vom Handheld-PC können hier auch Daten eingegeben werden, die dann durch Synchronisation übertragen werden. Am Schreibtisch z. B. notieren Sie Termine etc. in Outlook und nutzen den Handheld-PC unterwegs.
- Informationen aus dem Internet, Dateien und Dateiinhalte etc. können auf den Handheld übertragen und/oder kopiert werden. Ich nutze diese Möglichkeit z. B. für Anreisebeschreibungen/Routenbeschreibungen, Tagesordnungen, Manuskripte für eine kleine Rede etc.
- Je nach Ausstattung kann der Pocket-PC auch als Navigationsgerät genutzt werden. Er kommt teilweise ohne Antenne und Kabel aus. Somit ist dieses Gerät perfekt auch für Fußgänger, Rad- und Motorrad- sowie Autofahrer geeignet.
- Für die Handheld-PCs gibt es weiterhin zahlreiche nützliche Softwareprogramme wie Wörterbücher, Formelsammlungen, Fragenkataloge zur Prüfungsvorbereitung, Sudoku-Sammlungen als besondere Methode des Gehirntrainings, Zeichenprogramme, Kalkulationsblätter, Schachprogramme.
- Informieren Sie sich auch in den Handheld-Zeitschriften, die Sie aktuell am Bahnhofs-Kiosk etc. erhalten und nutzen Sie die zahlreichen Produktbeschreibungen im Internet.

Literatur: Grieser, F.: Das PocketPC 2003 Buch
IR: http://de.wikipedia.org/wiki/PDA

Das bringt Sie weiter

3.24 | Üben Sie für den Ernstfall

Nutzen

Erkennen Sie, dass professionelle Planung nicht erst dann beginnen sollte, wenn Sie bereits Vorstandsvorsitzender sind.

Professionelle Planung muss man ausprobieren, lernen und einüben. Und dafür bietet die Zeit des Studiums gute Möglichkeiten:

Möglichkeiten

- Setzen Sie sich gedanklich mit den unterschiedlichen Möglichkeiten und Systemen auseinander und probieren Sie unterschiedliche Varianten aus.
- Tun Sie dies gemeinsam mit anderen Studierenden und tauschen Sie sich über die Ergebnisse aus.
- Nutzen Sie insbesondere Veranstaltungen wie Projekte, Gruppenarbeiten, Tätigkeiten im Rahmen studentischer Unternehmensberatungen, der studentischen Selbstorganisation etc., um unterschiedliche Methoden auszuprobieren.
- Besorgen Sie sich eine Audio-CD zum Zeitmanagement und üben Sie, wie dort empfohlen.
- Bringen Sie Ihre Erfahrungen zu Papier und schreiben Sie einmal für sich persönlich auf, welche Vor- und Nachteile Sie bei den einzelnen Systemen sehen.
- Fragen Sie Ihren Coach, welche Erfahrungen er/sie gemacht hat.
- Erkundigen Sie sich in Familie und Bekanntenkreis nach persönlichen Erfahrungen und Einschätzungen.
- Nutzen Sie Praxiskontakte, um auf die Erfahrungen anderer Berufstätiger zurückgreifen zu können.
- Horchen Sie in Ihrem Netzwerk nach, wer welche Erfahrung gemacht hat.
- Besuchen Sie Seminare zu dem Thema.
- Informieren Sie sich in Büchern.
- Lesen Sie Erfahrungs- und Testberichte, insbesondere im Internet sind zahlreiche vorhanden.
- Schreiben Sie Vor- und Nachteile entsprechend Ihrer Erfahrungen und Recherchen auf, um eine fundierte Entscheidung für sie persönlich treffen zu können.
- Vielleicht ergibt es sich, dass Sie die Thematik im Rahmen einer Seminararbeit bearbeiten können. Kassieren Sie auf diese Art und Weise sogar noch Credits für Ihren Studienerfolg.

Solche Übungen sind im Rahmen der Personalauswahl häufig ein Teil von Assessment-Center. In der entsprechenden Literatur finden Sie weitere Hinweise.

Das bringt
Sie weiter

Literatur: Knoblauch, J. u.a.: Zeitmanagement
IR: Zeitplaner --- »Assessment Center«

3.25 | Die Memo^stud^-Datei – ein praktischer Helfer

Sammeln Sie in einer Datei alles, was Sie derzeit benötigen/bearbeiten!

Nutzen

Die Memo^stud^-Datei ist eine Datei, in der Sie alles sammeln, was Sie gerade bearbeiten bzw. benötigen. Das Ziel ist es, immer alles dabei zu haben und auf einem Speichermedium, z. B. einem USB-Stick mitnehmen zu können bzw. im Internet zu hinterlegen. Das ist insbesondere für die Studierenden von Vorteil, die häufig an wechselnden Orten arbeiten, z. B. zu Hause, in der Hochschule, beim Partner, bei den Eltern, im Job (z. B. bei der Nachtwache).

Was ist die Memo^stud^-Datei?

Die Hinterlegung im Internet ist ganz einfach. Sie nutzen entweder professionelle »Stores« oder senden Sie die Datei per E-Mail an sich selber. So ist sie über Internet jederzeit greifbar.

Die Gliederung kann z. B. so aussehen:

Beispiel

Hochschule:
- Veranstaltung 1,
- Veranstaltung 2,
- Bibliothek,
- Prüfungen,
- Adressen.

Job:
- Geplante Jobs,
- Ist-Arbeitsstunden/Abrechnung,

Adressen/Kontakte

Projekte (Studentische Unternehmensberatung ...):
- Aufgaben,
- Sachstand,
- Ergebnisse,
- Kontakte, Prüfungen.

Privat:
- Steuer,
- Versicherung,
- Lebenslauf/Profildaten,
- Kontakte,
- To-do's.

Nutzen Sie die Gliederungsfunktionalitäten/automatische Erstellung eines Verzeichnisses Ihrer Textversarbeitungssoftware.

Literatur: Eder, B.: Durchstarten zum Computerführerschein (ECDL)
IR: »Verzeichnis in Word« filetype:pdf --- www.vorlagen.de

Das bringt Sie weiter

3.26 | Planung mittels Mind Maps

Nutzen **Nutzen Sie die Vorteile der Mind-Map-Methode für Ihre Planung.**

Mind Maps können bestens im Rahmen des Selbstmanagements eingesetzt werden. Die Einsatzfelder sind vielfältig.

Beispiel 1: Projektmanagement – in PowerPoint erstellt

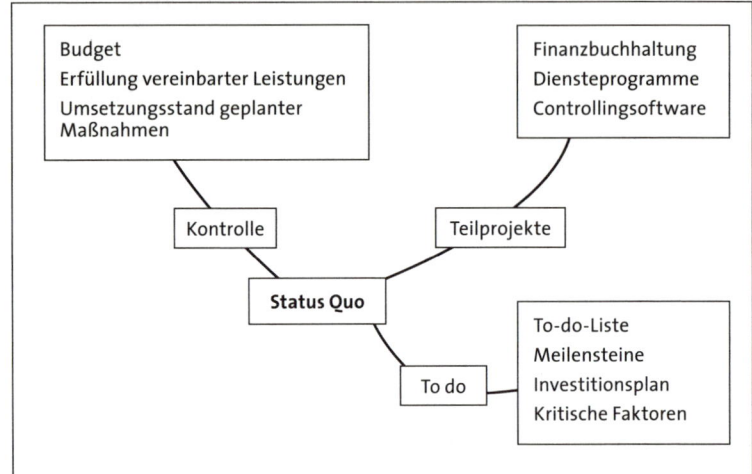

Mind Map –
in PowerPoint
erstellt

Beispiel 2: To-do-Liste in spezieller Mind-Maping-Software erstellt:

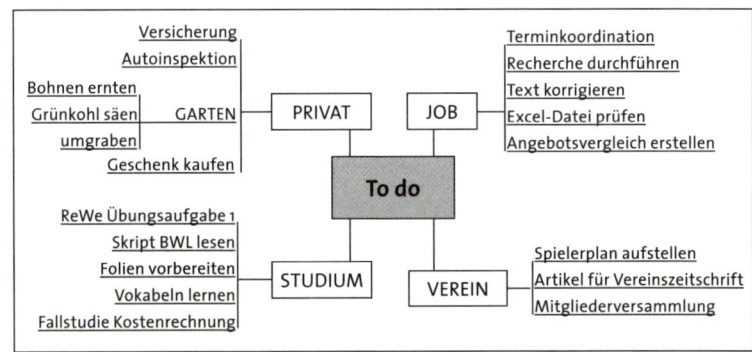

Mind Map
mit dem Mind-
Manager erstellt

Das bringt **Literatur:** Buzan, T.: Mind Map – die Erfolgsmethode
Sie weiter **IR:** Mind Map filetype:pdf

3.27 | Kommunizieren Sie per E-Mail

Kommunikation per E-Mail ist in vielen Fällen die effektivste und effizienteste Kommunikation.

Nutzen

Ein Leben ohne E-Mails? Für mich nicht mehr vorstellbar. Ich präferiere diese Art der Kommunikation sogar häufig vor anderen Arten. Meine Empfehlung an Sie: Nutzen Sie E-Mails als eine effiziente und schnelle Kommunikation:

- Übermitteln Sie wichtige Nachrichten schnell per E-Mail.
- Schauen Sie regelmäßig in Ihren Posteingang.
- Kontrollieren Sie auch Ihren SPAM-Ordner (herausgefilterte unerwünschte Mails), auch hier könnten unbeabsichtigt wichtige Nachrichten auflaufen. Als SPAM-Mails werden Mails bezeichnet, die unverlangt, meist massenhaft versendet werden.
- Halten Sie Ihre Mailbox frei. Achten Sie darauf, dass die Mailbox nicht überfüllt ist und neue E-Mails abgewiesen werden.
- Hängen Sie eine Visitenkarte mit Ihren persönlichen Daten an ausgehende E-Mails an.
- Nutzen und pflegen Sie das Adressbuch mit den Mailadressen Ihrer Kontakte.
- Legen Sie Verteiler für Gruppen an, z. B. für Ihre Lerngruppe. Das erspart Ihnen das »ewige Zusammensuchen« der E-Mail-Adressen.
- Nutzen Sie die Funktionalität »Automatische Signatur« für die Unterschrift (Mit freundlichen Grüßen ...).
- Geben Sie besonderen E-Mails mittels einer persönlich gestalteten Vorlage eine besondere Note.
- Archivieren Sie empfangene und gesendete E-Mails angemessen.
- Pflegen Sie Ihre E-Mail-Adressen gewissenhaft.
- Nutzen Sie die ausführliche Suchfunktion Ihres E-Mail-Programmes.
- Legen Sie Vorlagen mit Ihren Adressangaben an.
- Sichern Sie nicht nur die Dokumente der Textverarbeitung etc., sondern auch Ihre E-Mails regelmäßig.
- Löschen Sie nicht mehr benötigte Mails.
- Aktualisieren Sie Ihr Mailprogramm regelmäßig mit der neuesten Version, um eine möglichst hohe Sicherheit zu gewährleisten.

Nicht alle Informationen, Botschaften etc. lassen sich per E-Mail übermitteln. Räumen Sie insbesondere der persönlichen Kommunikation einen entsprechenden Platz ein.

Hinweis

Literatur: Mal was anderes: Film: »E-Mail für Dich« --- Alexander, T.: Elektronischer Knigge
IR: http://de.wikipedia.org/wiki/E-Mail

Das bringt Sie weiter

3.28 | Sagen Sie bei Gelegenheit »Nein«

Nutzen   **Mehr Zeit!**

Nein, nein und nochmals nein! So hart müssen Sie es ja nicht ausdrücken. Aber manchmal ist eine so klare Ausdrucksweise der einzig richtige Weg.

Der Weg zum »Nein«   Viele Menschen berichten, dass sie einfach nicht »Nein« sagen können. Was hilft:

- Analysieren Sie die Situation genau und lassen Sie sich nicht zu einer vorschnellen Antwort »Ja« hinreißen. Wägen Sie vielmehr ruhig und überlegt ab, ob Sie »Ja« oder »Nein« sagen.
- Schlafen Sie lieber noch einmal über das Anliegen, welches an Sie herangetragen wird. Am anderen Morgen sieht manchmal alles anders aus. Vielleicht hat auch Ihr Unterbewusstsein im Schlaf an dem Problem gearbeitet und »präsentiert« Ihnen ein sinnvolles Vorgehen.
- Machen Sie sich klar, welchen Preis es hat, »Ja« zu sagen. Was wird genau von Ihnen erwartet? Was müssen Sie dafür »aufgeben«? Welche Aufgabe übernehmen Sie? Welche Verantwortung lastet auf Ihnen?
- Erkennen Sie, was Sie davon abhält, »Nein« zu sagen: Ist es die Befürchtung, nach einem »Nein« abgelehnt oder nicht mehr gemocht/anerkannt zu werden? Oder sind es andere emotionale Gründe? Sind es sachliche Gründe, die es abzuwägen oder mit jemandem zu besprechen gilt?
- Nutzen Sie eine »leichte« Art, »Nein« zu sagen. Zeigen Sie in Ihrer Antwort Verständnis für die Anfrage, begründen Sie detailliert Ihre Ablehnung oder verbinden Sie Ihre Antwort einfach mit einer Portion Freundlichkeit, mit einem Lächeln.

Abgrenzung   Lernen Sie, sich abzugrenzen. Lehnen Sie einfach und freundlich – aber bestimmt – mit »Nein, heute passt es mir leider nicht« ab. Unterstützen Sie die Aussage dadurch, dass Sie den Kopf schütteln, mit klarer und direkter Stimme reden und Blickkontakt mit dem Gesprächspartner halten und nicht auf den Boden schauen. Bleiben Sie dann standhaft und konsequent, auch wenn Ihr Gesprächspartner Sie drängt. Freuen Sie sich über Erfolge, wenn Ihnen eine Abgrenzung gelungen ist. Üben Sie, Nein zu sagen wann immer es geht und beobachten Sie Ihre Erfolge. Sie werden merken, es ist nicht so schwer, wie Sie vielleicht denken.

Das bringt Sie weiter   **Literatur:** Klein, C.: Erfolgreich Nein sagen
IR: »Nein sagen«

3.29 | Chaotische Ablagen bringen Ordnung

Finden Sie 99,9 Prozent aller Dokumente wieder.

Klingt gut, nicht wahr? Mit einer chaotischen Ablage 99,9 Prozent aller Dokumente wieder finden. Aber es ist tatsächlich möglich, und es wird Ihnen einleuchten, wenn Sie verstanden haben, worum es geht.

Im Rahmen einer chaotischen Ablage werden die Dokumente chronologisch abgelegt, also in der Reihenfolge, in der sie bei Ihnen ankommen. Jedes neue Dokument wird fortlaufend durchnummeriert. Die Nummerierung des Dokuments stellt einen eindeutigen Schlüssel zum Auffinden dar. Zugleich wird aber jedes Dokument in einer Datenbank erfasst. Eine Suche in der Datenbank ermöglicht das Auffinden der Dokumente.

Eine solche Datenbank kann auch mittels einer Tabellenkalkulation umgesetzt werden. Zum Auffinden der Dokumente werden die Such- und Filterfunktionalitäten der eingesetzten Software genutzt.

Notiert werden:
- Eingangsdatum des Dokumentes,
- Art des Dokumentes,
- Ersteller,
- Stichwort 1,
- Stichwort 2,
- Stichwort 3,
- Ablageort,
- Nummer des Dokumentes,
- besondere Bemerkung.

Bewertung der chaotischen Ablage nach meinen Erfahrungen: Genial!

Für die chaotische Ablage bei laufenden Aktivitäten können Sie auch einen Tischordner mit Fächern nutzen, die durchnummeriert sind. Beschaffen Sie sich einen solchen Tischordner (z. B. Tischordner Leitz Nr. 5831) mit z. B. 32 Fächern, legen Sie die Dokumente dort hinein und notieren Sie die entsprechende Nummer des Faches in Ihrem Zeitplanbuch an passender Stelle, z. B. bei einem Termin oder bei einer Aufgabe. So schaffen Sie jede Menge Ordnung und Übersicht. Sie werden wesentlich zufriedener sein.

Literatur: Engel-Ortlieb, D.: Perfekt im Office
IR: »Chaotische Ablage«

3.30 | Nutzen Sie den elektronischen Desktop

Nutzen   **Verwenden Sie Ihren PC effizienter.**

Der Desktop (häufig »Startbildschirm«) Ihres PCs/Laptops, zu deutsch »Schreibtisch«, bietet Ihnen vielfältige Möglichkeiten, die Sie vielleicht noch nicht entdeckt haben. Und dies nicht einfach nur so! Vielmehr kann diese elektronische Hilfe auch Funktionen eines Schreibtisches erfüllen.

Nutzen Sie diese konsequent:

Schreibtisch
- Legen Sie auf dem Desktop z. B. Verknüpfungen zu den Dateien an, an denen Sie aktuell arbeiten. Nutzen Sie dazu auf dem Desktop ggf. einen Unterordner.
- Legen Sie eigene Ordner/Symbolleisten für Dokumente an, die Sie häufig benutzen.
- Nutzen Sie einen weiteren Ordner, in dem Sie häufig benötigte Vorlagen etc. sammeln.

Die Google Desktop-Funktion

- Nutzen Sie auf dem Desktop eine einfache Textdatei (zum Beispiel memo.txt) als Notizzettel, als To-do-Liste etc.
- Verlinken Sie wichtige Programme direkt.
- Verlinken Sie wichtige Webseiten direkt.
- Räumen Sie Ihren Desktop täglich auf.
- Überfrachten Sie Ihren Desktop nicht, damit er nicht zu viele Ressourcen des PCs beansprucht.
- Nutzen Sie ggf. spezielle Softwareprogramme mit erweiterten Desktopfunktionen.

Besonders hilfreich und ansprechend ist die Desktopfunktion von Google mit unterschiedlichen Funktionalitäten. Sie hilft beispielsweise beim Durchsuchen des Computers nach E-Mails und Dateien und zeigt relevante Informationen, Aufgaben, Notizen, aber auch aktuelle Nachrichten, Fotos und mehr an einer beliebigen Stelle auf dem Desktop an.

Mit geeigneten Softwaretools können Sie auch unterschiedliche Desktop-Einstellungen für unterschiedliche Nutzer/Anliegen aufbauen und abspeichern.

Das bringt
Sie weiter
Medien: Personal Desktop XP, Verlag S.A.D. Software, ISSN: 3-938702-39-7
IR: Desktop --- Google Desktop

3.31 | Eine übersichtliche Roadmap auf der Festplatte

Archivieren Sie elektronische Dokumente strukturiert.

Die Festplatte Ihres Laptops/PCs sollte kein undurchschaubarer Dschungel sein, sondern möglichst ein gut strukturiertes Verkehrssystem. So gelingt es perfekt.

Gliedern Sie Ihre Festplatte professionell und zweckmäßig. Bilden Sie beispielsweise folgende Pfade und Unterpfade:

- Hochschule (Veranstaltungen – weiter untergliedert in einzelne Veranstaltungen/Fächer etc., Lerngruppe, Projekte, Studienverlauf, Prüfungsamt).
- Privat (Auto, Finanzamt, Internet, Handy, Jobs, Krankenkasse, Miete, Telefon, Versicherung).
- Legen Sie alle Dokumente zu einem Thema an der gleichen Stelle ab, z. B. auch wichtige E-Mails.
- Nutzen und erweitern Sie die Strukturierung konsequent.
- Überlegen Sie sich ggf. einen sogenannten sprechenden Schlüssel für Ihre Dateinamen. Sprechende Schlüssel enthalten Kurzinformationen über im Satz gespeicherte Daten. Beispielsweise kann ein sprechender Schlüssel das Fach (Vorlesung) und das Datum enthalten. 2006_11_04_vwl.doc steht beispielsweise für eine Mitschrift der Vorlesung »VWL« vom 4.11.2006. Hinweis: Bei der Notierung des Datum ist es immer besser, erst das Jahr, dann den Monat und zuletzt den Tag zu notieren, Monat und Tag stets mit zwei Ziffern. Dann kann nämlich die Sortierfunktion der Programme besser genutzt werden. Bitte benutzen Sie anstatt des »Minus-Zeichens« stets besser den »Unterstrich«, also _.

Planen Sie die Einteilung entsprechend Ihrer Ziele. Untersuchen Sie die Strukturierung regelmäßig auf Zweckmäßigkeit und passen Sie diese an. Nutzen Sie Software wie z. B. den Microsoft-Dateimanager »Windows Explorer«. Besonders hilfreich sind die Suchfunktionen dieser Programme, die zumeist eine Suche nach unterschiedlichen Kriterien wie Dateityp, Name der Datei, Datum der Erstellung, Erstellung nach dem xx.xx.xxxx etc. ermöglichen.

Denken Sie stets daran, Ihre Dokumente regelmäßig auf einem Medium zu sichern, dass Sie dann auch konsequent an anderen Stellen (z. B. bei Freunden, Verwandten etc.) deponieren. Anzuraten ist zumindest eine wöchentliche Sicherheitskopie.

Literatur: Backer, R.: Menü-Funktionen von Microsoft
IR: »Windows Explorer«

Marginalien: Nutzen · Beispiel · Sicherheitskopie · Das bringt Sie weiter

3.32 | Effektiv und effizient studieren

Nutzen **Effektiv und effizient studieren – das Erfolgsrezept Ihres zukünftigen Lebens.**

Studieren Sie effektiv und effizient? By the way, da fällt mir auf, dass die Begriffe »effektiv« und »effizient« umgangssprachlich häufig als Synonyme für »wirtschaften« genutzt werden. Damit stellen sich zwei Fragen:
1. Was hat »studieren« mit »wirtschaften« zu tun?
2. Ausgangsfrage: Sind die Begriffe »Effektivität« und »Effizienz« tatsächlich synonym zu gebrauchen?

Erstens Beim Wirtschaften geht es um den Umgang mit knappen Ressourcen. Im Studium ist die knappste Ressource in der Regel Ihre Zeit.

Zweitens Auch die zweite Antwort ist schnell gegeben. Nein, die beiden Begriffe weisen auf ganz verschiedene Aspekte des Wirtschaftens hin. Die Krux dabei ist: Man kann effizient handeln, ohne effektiv zu sein. Im Klartext: Man macht die ganz falschen Sachen, diese aber sehr effizient. Leider kann man natürlich auch sehr effektive Sachen völlig ineffizient durchführen. In der Regel muss beides stimmen. Bemerkenswert ist, dass nach meiner persönlichen Erfahrung gerade der Aspekt der Effektivität häufig vergessen oder unterschätzt wird.

In vielen Bereichen »spurten« wir vielmehr blind los (aber sehr effizient), um später häufig zu merken, dass wir in die völlig falsche Richtung gelaufen sind.

In der Differenz der beiden Begriffe steckt nach meiner Erfahrung eine riesige Chance. Hier versteckt sich nämlich die entscheidende Handlungsmaxime für Ihren Erfolg! Stellen Sie sich einmal vor, Sie würden folgende Maxime stets beherzigen und es würde Ihnen auch stets gelingen:
- Tue die richtigen Dinge!
- Tue die Dinge richtig!

Das wäre mehr als fantastisch!

Schreiben Sie die beiden Handlungsmaximen auf ein Blatt, das Sie sich an eine Stelle hängen, heften oder legen, die Sie häufig im Auge haben, zum Beispiel an die Pinnwand, in Ihren Timer, auf Ihren Schreibtisch etc. Oder programmieren Sie die Fragen als Begrüßungsfragen auf Ihrem Handy. Wichtig ist nur, dass Sie diese Maximen immer vor Augen haben und konsequent daran arbeiten!

Tipp Tue die Dinge konsequent!

Das bringt Sie weiter **Literatur:** Bischof, A. u.a.: Selbstmanagement. Effektiv und effizient
IR: Die richtigen Dinge tun --- Die Dinge richtig tun

3.33 | (Selbst-)Marketing – in Meilenstiefeln zum Erfolg

Das Wichtigste überhaupt! – die grundlegende Philosophie Ihres Tuns = KUNDENORIENTIERUNG – MARKETING

Nutzen

Die Begriffe »Kundenorientierung« und »Marketing« kennen Sie sicher alle. Aber versuchen Sie doch einmal umfassend und plakativ zu erläutern, was Marketing meint. Schwierig? Meinem Doktorvater, Prof. Dr. Hermann Sabel (Uni Bonn), ist dies perfekt gelungen: Plakativ bezeichnet Sabel Kundenorientierung – Marketing mit den Slogans:

Kundenorientierung

Denke im Kopf des Kunden!	für Investitionsgüter
Fühle im Herzen des Kunden!	für Konsumgüter
Träume in der Seele des Kunden!	für Dienstleistungen

(Sabel 1996)

Auch seine weniger plakative Definition von Marketing ist prägnant: Marketing meint »die in ihrer Aussage einfache, in ihrer radikalen Durchsetzung so schwierige Umkehr der Betrachtung aller Probleme, anstatt aus eigener Sicht aus der des Kunden unter Berücksichtigung der Konkurrenten, das heißt, aus der Sicht des Marktes, für den das Angebot gilt und nicht aus der Sicht der Firmen, die es gestalten.« (Sabel 1988, S. 203).

Definition

Hier wird auch noch einmal der Gegensatz zur »Technikorientierung« (»Unser Produkt ist das beste, deshalb werden sich ausreichend Abnehmer finden«) deutlich: »Die Kunden wollen keine Bohrer, sondern Löcher in der Wand.« Das Bild, das Kunden von einem Produkt bzw. einer Leistung haben, ist eine Problemlösung.

Aber was hat das mit dem Studium zu tun? Ganz einfach: Das Studium gelingt insbesondere dann besonders gut, wenn Sie Marketing in Ihrem Leben und auch in Ihrem Studium beherzigen.

- Sie wollen Ihre Abschlussarbeit bei Prof. N.N. schreiben. Bereits vor dem ersten Gespräch bezüglich einer Themenabsprache könnten Sie berücksichtigen, was ihn an dem Thema besonders interessieren könnte, sozusagen: Denke im Kopf deines Profs.
- Sie arbeiten mit Mitstudierenden in einer Lerngruppe zusammen. Darin gibt es starke und schwache Mitstudierende. Was denken die wohl, wie fühlen sie sich? Wenn Sie solche Aspekte berücksichtigen, wird die Zusammenarbeit noch erfolgreicher sein.
- In einer Diskussionsrunde greifen Sie einen Mitstudierenden verbal an. Sie zeigen ihm zu Recht, aber unprofessionell auf, welchen Unsinn er redet. Mit ihm und seinem Lernumfeld brauchen Sie in

Beispiele

Zukunft nicht mehr zu rechnen. Hier sind Sie »unten durch«. Hätte nicht sein müssen, oder, wenn Sie .... !

■ Sie bewerben sich um einen Job in den Semesterferien. Vorher überlegen Sie sich, welche Erwartungen der »Chef in spe« hat. Im Gespräch merken Sie, dass er als wichtigste Erwartung hohe zeitliche Flexibilität erwartet. Bereits im Gespräch gehen Sie intensiv darauf ein und enttäuschen ihn auch später nicht.

■ Sie möchten eine Stelle als studentische Hilfskraft am Zukunftsinstitut. Sie informieren sich professionell über die Arbeit des Instituts und die Interessen des Institutsleiters. Das Bewerbungsgespräch wird zu einem interessanten Austausch, der Institutsleiter ist begeistert.

Reiten Sie auf der »Erfolgswelle«. Machen Sie sich die folgende Handlungsmaxime zu eigen:

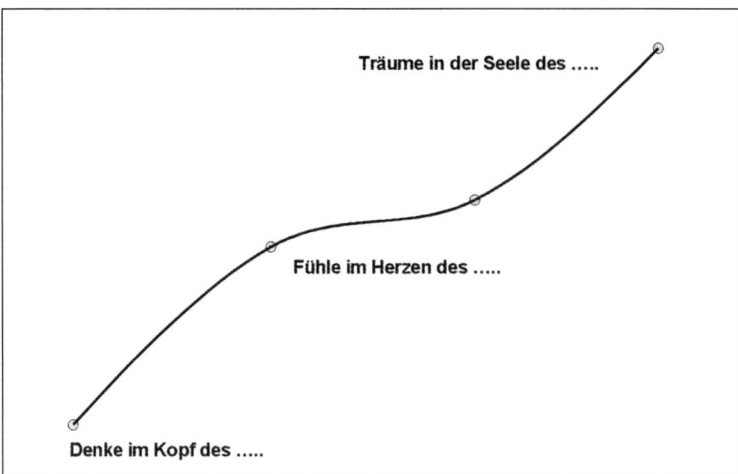

Träume in der Seele des .....

Fühle im Herzen des .....

Die Marketing-Erfolgswelle

Denke im Kopf des .....

Fazit: Betrachten Sie insbesondere Dozenten, Mitstudierende, Arbeitgeber als Ihre Kunden! Beachten Sie: Marketing ist eine geeignete Methode für jede Form der Austauschbeziehung!

Das bringt Sie weiter

Literatur: Sabel, H.: Wie Marketing antworten sollte
IR: Selbstmarketing

3.34 | Den Anspruchsgruppen erfolgreich gerecht werden

Erkennen Sie die Vielzahl der Erwartungen an Ihre Person und gehen Sie strategisch vor. Nutzen

Tatsächlich ist das mit der Kundenorientierung/dem Marketing noch viel schwieriger. Neben den zuvor aufgeführten »Kerngruppen« gibt es immer eine Reihe von Anspruchsgruppen (Stakeholder), denen Sie zusätzlich gerecht werden wollen (sollten?) (müssen?), etwa: Anspruchsgruppen

- Freund,
- Lebenspartner,
- Eltern,
- Tutoren,
- Bibliotheksmitarbeiter,
- Mitarbeiter im Dekanat etc.

Das Anspruchsgruppenkonzept stammt aus dem erwerbswirtschaftlichen Bereich. Es geht davon aus, dass Manager Unternehmen in ihrem gesamten sozialökonomischen Kontext erfassen, um die Bedürfnisse der unterschiedlichen Anspruchsgruppen zu erfüllen bzw. in Einklang zu bringen. Unternehmer suchen gezielt den Kontakt zu ihren Anspruchsgruppen und gestalten aktiv die Kommunikation mit ihnen. Die Positionierung des Unternehmens im Bewusstsein des Verbrauchers und die Imageförderung gelten beispielsweise als Ziele im Bezug auf die Anspruchsgruppen.

Auch im Bereich der Anspruchsgruppen erreichen Sie viel, wenn Sie die Marketingphilosophie anwenden. Versuchen Sie mit »Denke im Kopf ...«, »Fühle im Herzen ...« , »Träume in der Seele ...« sich in die Anderen hineinzudenken und sie zu verstehen bzw. zu begreifen. Erkennen Sie, welche Auswirkungen Ihr konkret beabsichtigtes Handeln, Ihre Botschaft haben könnten. Marketing

Nehmen Sie eventuell auftretende Probleme vorweg, indem Sie Wünsche der entsprechenden Anspruchsgruppe bereits in der Planungsphase einbeziehen. Sorgen Sie so dafür, dass möglichst viele Ihrer Betätigungsfelder etc. reibungslos und erfolgreich verlaufen. Eine andere, schwierige, aber tendenziell sehr großen Erfolg versprechende Sichtweise.

Literatur: Sabel, H.: Wie Marketing antworten sollte Das bringt
IR: Anspruchsgruppe --- Stakeholder Relationship Management Sie weiter

3.35 | Der Marketingprozess führt garantiert zum Erfolg

Nutzen **Marketing konsequent anzugehen ist nicht schwer, aber stets sehr wirkungsvoll.**

Wie »macht« man denn eigentlich Marketing? Im Grunde ist das gar nicht so schwer, wenn Sie nur konsequent den Ablaufplan des Marketingkonzeptes berücksichtigen.

Marketingkonzept Ein Marketingkonzept ist ein umfassender gedanklicher Entwurf, der auf der Basis von Vision und Leitbild unter Berücksichtigung der Situationsanalyse und Prognosen die gegenwärtig und zukünftig relevanten Strategien, die Marketingziele und die Planung der Marketinginstrumente enthält, sowie eine Kontrolle vorsieht.

Marketingkonzept

- **Vision, Leitbild, Fernziele**

- **Situationsanalyse**

- **Strategie**

- **Marketingziele (Nahziele)**

- **Marketinginstrumente**

- **Kontrolle**

Elemente
eines Marketing-
konzeptes

Bevor die einzelnen Elemente im Folgenden detailliert behandelt werden, zunächst ein einfaches, zusammenhängendes Beispiel.

Beispiel Frau N.N. hat das (Fern-) Ziel, Unternehmensberaterin zu werden. Ihre Vision ist es, im Rahmen der Unternehmensberatung für Non-Profit-Organisationen diese einander näher zu bringen und zu Kooperationen zu bewegen. Sie will es einfach nicht einsehen, dass beispielsweise sogar die in einer Diözese verteilten Seniorenheime nicht kooperieren und sich manchmal sogar als Konkurrenten sehen. Stattdessen könnten Sie gemeinsam zahlreiche Vorteile etwa durch Rahmenverträge im Einkauf etc. nutzen.

Um ihre Vision/ihr Ziel zu erreichen, absolviert Frau N.N. nach dem erfolgreichen Bachelorstudiengang nun noch einen auf Managementwissen ausgerichteten Masterstudiengang.

Frau N.N. hat sich die Mühe gemacht, ein persönliches Leitbild für sich zu entwickeln. Ein wichtiger Leitsatz lautet: »Ich bin stets »lebendig« dabei – ich mache aktiv mit!« Das bedeutet, dass sie nicht die meiste Zeit passiv konsumierend in den Veranstaltungen sitzt oder auf die nächste Veranstaltung wartet, sondern sie geht aktiv an die Sache ran, beteiligt sich in den Veranstaltungen, ist bei Studierenden und Dozenten bestens bekannt und ist sehr aktiv.

Persönliches Leitbild

Eine Streberin? Wenn Sie so wollen, ja! Sie strebt nämlich die Erreichung der gesetzten Ziele an. Sie ist eine richtige »Networkerin«, knüpft tausendfach Kontakte und hat hilfreiche Verbindungen. Und sie ist gut informiert. Über die Berufsaussichten bezüglich der gesetzten Zielsetzung hat sie sich schlau gemacht. Sie hat recherchiert, zu welchen Zwecken und wie erwerbswirtschaftliche Unternehmen kooperieren. Sie hat herausgefunden, welche Lehrstühle und Wissenschaftler auf diesen Bereich spezialisiert sind. Sie kennt die wichtigsten Veröffentlichungen zu diesem Bereich und Sie hat wichtige Trends analysiert.

In diesem Semester nimmt Sie an einem Hauptseminar zu der Thematik »Kooperationen zwischen »Non-Profit-Unternehmen« teil. Nein, es ist kein Zufall, dass jetzt ein Hauptseminar gerade zu diesem Thema angeboten wird. Vielmehr hat Frau N.N. selber darauf hingewirkt. Sie hat den Seminarleiter auf dieses Thema angesprochen und zehn Mitstudierende für das Seminar begeistern können. Ein Ziel für das nächste Semester hat sie sich auch schon gesetzt. Sie will den ersten Kunden für die Beratung gewinnen. Ansonsten verfolgt sie eine absolute Qualitätsstrategie. Sie macht nur etwas, wenn sie es auch gut macht oder andersherum: Wenn sie etwas beginnt, beendet sie es stets auch so, dass sie sich mit ihrer Leistung sehen lassen kann.

Soweit der Anfang der Story. Natürlich geht die Frau N.N.-Story noch weiter. Aber das werden Sie sich nach der Lektüre der folgenden Seiten schon selber ausmalen können. Im Folgenden werden nun einzelne Aspekte Erfolg versprechenden Marketings aus studentischer Sicht konkretisiert.

Literatur: Sabel, H.: Wie Marketing antworten sollte
IR: Marketingkonzept

Das bringt Sie weiter

3.36 | Nutzen Sie ein persönliches Leitbild

Nutzen **Mit einem geeigneten persönlichen Leitbild stochern Sie nicht mehr im Nebel und fallen positiv auf!**

Haben Sie bereits einmal über folgende Anregung nachgedacht? Sie sollten sich unbedingt ein Leitbild »gönnen«. Ein Leitbild ist eine ideale, richtungweisende Vorstellung für die Zukunft, ein Bild, wie etwas in der Zukunft werden soll. Nur wer eine klare Vision, ein berufliches und persönliches Leitbild oder Fernziele hat, kann seinem Leben Sinn und Richtung geben. Stellen Sie sich doch einmal die Frage, worauf Sie am Ende Ihres Lebens zurückblicken wollen. Formulieren Sie die Antwort unbedingt schriftlich.

Elemente eines Leitbilds Legen Sie in einem Leitbild Ihre Wertebasis, Ihre wichtigsten Grundsätze und Ziele und Ihre Beziehung z. B. zu wichtigen Anspruchsgruppen fest. Unterscheiden Sie den persönlichen Bereich und den Bereich Ihres Studiums bzw. Berufes. Notieren Sie:

- Welche Vision habe ich für mich?
- Wer bin ich (als Studierender)?
- Welche langfristigen Ziele habe ich?
- Wer sind meine Kunden/Anspruchsgruppen?
- Was kann/möchte ich heute tun?
- Welche zukünftigen Entwicklungen möchte ich nutzen?
- Worauf möchte ich am Ende meines Lebens zurückblicken?
- Wie stehe ich zu mir selber?
- Wie gehe ich mit anderen um?
- Wie trete ich auf?
- Wie verhalte ich mich nach außen/gegenüber Mitstudierenden?
- Wie kommuniziere ich intern und extern?

Vorteile Welche Gründe sprechen für die Erstellung eines persönlichen Leitbildes? Ein persönliches Leitbild hilft Ihnen, effektiv zu sein, also die richtigen Dinge zu tun. Sie haben einen roten Faden, an dem Sie sich orientieren und festhalten können. Sie können ein persönliches Leitbild anderen mitteilen. Und: Der Weg hin zum Leitbild ist mindestens so wichtig, wie das Ziel, also das entwickelte Leitbild! D. h. über ein Leitbild nachzudenken kann Sie bereits auf viele nützliche – und für den Studienerfolg hilfreiche – Ideen und Gedanken bringen.

Das bringt Sie weiter **Literatur:** Friedrich, K. u.a.: Das neue 1 x 1 der Erfolgsstrategie
IR: Persönliches Leitbild

3.37 | Konkretisieren Sie Ihr persönliches Leitbild

Ein Katalog denkbarer Leitbildelemente – Leitlinien für den studentischen Erfolg.

Nutzen

- Die Zeit ist mir zu schade, um in einer Veranstaltung zu sitzen, in der ich nichts verstehe. Also bereite ich alle Veranstaltungen gut vor und nach und kläre Verständnis- und Wissenslücken zeitnah.

Beispiele

- Wenn ich aktiv mitarbeite, macht es mehr Spaß, geht die Zeit besser vorbei und ich lerne mehr. Das will ich nutzen!
- Ich nutze die Vielfalt unterschiedlicher Vermittlungs- und Darstellungsformen bezüglich einzelner Themen in unterschiedlichen Lehrbüchern, Fachzeitschriften etc.
- Ich respektiere meine Dozenten, so wie ich es von ihnen auch mir gegenüber erwarte. Mir ist bewusst, dass Dozenten keine »Übergötter« sind. Ich begegne Ihnen natürlich und freundlich.
- Ein Plagiat kommt für mich nie in Frage. Ich gebe alle Quellen an, die ich benutzt habe.
- Wer lesen kann, ist klar im Vorteil. Deshalb lese ich wichtige Informationen zum Anmeldeverfahren, die Studienordnung etc. stets gewissenhaft durch, bevor ich mir selbst größere Unannehmlichkeiten einhandle bzw. andere durch mich mehr Arbeit haben.
- Mein oberstes Prinzip heißt »Optimale Qualität«. Ich liefere grundsätzlich keine qualitativ minderwertige »Arbeit« ab.

Ganz besonders relevant ist heute die Frage, welche Rollen Sie als Studierender und welche Rollen Ihre Dozenten innehaben? Die zuvor dargestellten Sichtweisen haben zu differenzierten Betrachtungen von Lernprozessen geführt. Während bei »althergebrachten« Konzepten vorwiegend der »Lehrende« im Mittelpunkt der Ausbildung stand, stehen jetzt der Lernende und seine Kompetenzentwicklung im Vordergrund.

Rollen

Der Lehrende entwickelt sich zum Wissensmanager und Coach für den Lernenden. Die Lernprozesse entwickeln sich damit von der »Darbietung« seitens der Lehrenden zum selbst gesteuerten und handlungsorientierten Lernen des Lernenden. Beim handlungsorientierten Lernen steht das Handeln, konkret das Lösen von Problemen und die Erfüllung von Aufgaben im Vordergrund. Dabei wird »Handeln« als eine bewusst auswählende Tätigkeit verstanden, die Menschen ausführen, um bestimmte Ziele zu erreichen. Durch die Handlungen verändern Sie Ihr Umfeld und dabei sammeln Sie Erfahrungen, die Ihr weiteres Verhalten beeinflussen, Sie lernen durch Handeln.

Literatur: Friedrich, K. u.a.: Das neue 1 x 1 der Erfolgsstrategie.
IR: Wissensmanager

Das bringt Sie weiter

3.38 | Wer viel weiß, handelt tendenziell »richtiger«

Nutzen

Na klar, eine Binsenweisheit – also los, profitieren Sie von den Informationen, die Ihnen die studentische Situationsanalyse liefert.

Situationsanalyse

Unter einer Situationsanalyse versteht man die (mit wissenschaftlichen Methoden) vorgenommene Erforschung der Ist-Situation. Ziel der Situationsanalyse ist es, die Chancen und Risiken als externe Faktoren und die Stärken und Schwächen als interne Faktoren zu erforschen und in Beziehung zueinander zu setzen. Als Auswertungsinstrument dient dazu auch die im nächsten Baustein beschriebene SWOT-Analyse.

Was meint nun aber speziell die studentische Situationsanalyse? Sie fordert dazu auf, Ihre Situation als Studierender genau zu erforschen, bevor Sie konkrete Strategien festlegen oder sich konkrete Ziele setzen. Was genau meint der Begriff »Situation als Studierender«? Was sollten Sie unbedingt erforschen?

- Ihre Hochschule – insbesondere Ruf, Reputation, fachbereichsübergreifende Angebote, z. B. AFL = Außerfachliche Lehrveranstaltungen, beispielsweise zum Thema »Studienmanagement«.
- Ihren Fachbereich – Beratungs- und Unterstützungsangebote.
- Ihren Studiengang – unbedingt Studien- und Prüfungsordnungen auswerten sowie Vorlesungsverzeichnisse einsehen.
- Ihre Dozenten – Ruf, Forschungs- und Interessensschwerpunkte, spezielle Angebote.
- Ihre studentische Vertretung am Fachbereich – Service und Angebote wie z. B. Skriptenbörse.
- Angebote des ASTA = Allgemeiner Studentischer Ausschuss – beispielsweise im Bereich Sport, Wohnungsbörsen etc.
- Erfahrungen Ihrer Mitstudierenden/älterer Jahrgänge.
- Andere Hochschulen, ähnliche Studiengänge.
- Die Branche, in der Sie ggf. arbeiten möchten, deren Anforderungen an Absolventen, zukünftige Entwicklungen, Trends.
- Die aktuelle Arbeitsmarktsituation zukünftige Entwicklungen, Trends, Voraussagen etc.
- Ergänzende Angebote im Internet, Wissensbörsen, Foren etc.
- Umfeld, Veränderungen der Gesellschaft und deren Einflüsse auf Ihr Studium, etwa rechtliche, technische Entwicklungen.

Gegenstand der Situationsanalyse sind stets die gegenwärtige Situation, geplante Veränderungen, potenzielle zukünftige Entwicklungen.

Das bringt Sie weiter

Literatur: Eckeberg, P.: Zeit- und Selbstmanagement
IR: Situationsanalyse

3.39 | Nutzen Sie die persönliche SWOT-Analyse

Wollen Sie klare Sicht für z. B. Ihre berufliche Zukunft? Führen Sie eine persönliche SWOT-Analyse durch und manches wird Ihnen deutlich werden! *Nutzen*

Die SWOT-Analyse ist ein bewährtes Instrument aus dem Management. *SWOT-Analyse* Das Akronym SWOT steht für strengths, weaknesses, opportunities, threats (übersetzt Stärken, Schwächen, Chancen, Risiken). Im Rahmen der SWOT-Analyse werden die externen und internen Einflussfaktoren in Beziehung gesetzt, um das strategisch relevante Entscheidungsfeld zu strukturieren. Eine Gegenüberstellung findet in einer Matrix statt:

		Externe Sicht	
		Chancen	Risiken
Interne Sicht	Stärken		
	Schwächen		

Die SWOT-Matrix

In die Matrix werden für die berufliche Zukunft relevante Aspekte eingetragen und jeweils aus Ihrer persönlichen Sicht und aus der Sicht des angestrebten Berufsfeldes etc. gesehen. Hier liegt der besondere Vorteil der Methode. Sie sollten die Analyse parallel oder sukzessive aus beiden Sichten vornehmen. Das klingt vermutlich ziemlich abstrakt. Mit einem fiktiven Beispiel möchte ich versuchen, das Vorgehen zu verdeutlichen.

Student N.N. hat nach dem Abitur eine Zeit lang überlegt, ob er Volks- *Beispiel 1* wirtschaftslehre studieren sollte. Gesamtwirtschaftliche Zusammenhänge interessierten ihn nämlich zu dieser Zeit ganz besonders. Wir wollen uns einmal fiktiv in seine Person hineindenken. Wie hätte eine SWOT-Analyse aussehen können? Beginnen wir auf der Seite der Stärken und Schwächen. Student N.N. weiß, dass er bisher nur eher mittelmäßige Noten »eingefahren« hat. Hier liegt tendenziell eine Schwäche.

Am Markt gibt es aber nur wenige Stellen für Dipl.-Volkswirte und viele Bewerber, also trifft seine persönliche Schwäche auf das Risiko, gegen viele andere Bewerbern bestehen zu müssen. Das ist tendenziell ungut, insbesondere angesichts seiner Noten.

Student N.N. hat die Unterlagen der Bundesanstalt für Arbeit gut analysiert. Dort wird deutlich, dass in Zukunft sozialpolitisch ausgebildete Volkswirte benötigt werden.

Hier gibt es am Markt also eine Chance. Diese Chance trifft bei ihm auf eine Stärke, die sich daraus erklärt, dass er bereits einen Leistungskurs »Sozialwissenschaften« absolviert hat und durch regelmäßiges Zeitungsstudium, aktive Parteiarbeit und häufigen Besuch von Vorträgen und Weiterbildungsveranstaltungen hier sehr interessiert und auch sehr fit ist.

Beispiel 2 Nonprofit-Organisationen wie Altenheime, Krankenhäuser, Einrichtungen der Jugendhilfe erkennen zunehmend, dass sie in den Reihen der Führungskräfte unbedingt wirtschaftlichen Sachverstand benötigen. Hier bietet der Markt (Außensicht) erhebliche Chancen für Studierende.

Student N.N. studiert Betriebswirtschaftslehre. Er hat als Wahlfach »BWL für Nonprofit-Organisationen« gewählt. Außerdem besucht er weitere Veranstaltungen im Studiengang »Soziale Arbeit« und jobt in sozialen Organisationen. Der Chance auf dem Markt begegnet er also aus seiner Innensicht mit einer Stärke. Zu Recht versucht er, sich hier zu positionieren.

Sicher haben Sie bemerkt, dass jeweils eine Sicht an der anderen gespiegelt bzw. bewertet wird. Hier liegt die besondere Stärke der Methode. Grundsätzlich empfiehlt sich bei folgenden Konstellationen (Lesebeispiel: Liegt bezüglich der Fähigkeit X bei N.N. eine Stärke vor, die auf eine Chance am Markt trifft, so sollte dies verfolgt werden etc.):

Intern	Extern	Strategie
Stärke	Chance	Empfehlenswert, verfolgen, umsetzen
Stärke	Risiko	Prüfen, ob Risiko realistisch minimiert werden kann
Schwäche	Chance	Prüfen, ob Schwäche realistisch übewunden werden kann
Schwäche	Risiko	Keinesfalls zu empfehlen

Aus der SWOT-Matrix abgeleitete Strategien

Das bringt Sie weiter **Literatur:** Welge, M. K. u.a.: Strategisches Management
IR: SWOT

3.40 | Werden Sie Allrounder oder Spezialist?

Werden Sie sich darüber klar, ob Sie sich eher »spezialisiert« oder eher »universell« ausbilden lassen wollen.   Nutzen

Wollen Sie sich bereits im Rahmen Ihres Studiums zur Spezialistin/ zum Spezialisten ausbilden lassen oder eher nicht? Oder wollen Sie sich sogar zum Allrounder ausbilden lassen? Das ist eine sehr grundsätzliche Entscheidung, die nicht auf die leichte Schulter genommen werden sollte.

Man kann die Frage professionell nur – wenn überhaupt zuverlässig – in der jeweils konkreten Situation Ihrer Person, Ihrer Ziele, des Studiums, der Arbeitsmarktes etc. entscheiden. Und zudem muss man dann noch beachten, dass man die Entscheidung ca. 3 bis 6 Jahre vor Berufseintritt fällt. In dieser Zeit kann sich dann bereits eine Menge geändert haben.   Vor- und Nachteile

Eine der wesentlichsten Erfahrungen meines Studiums und meiner beruflichen Tätigkeit ist: Es gibt einen guten Mittelweg. Der besteht darin, sich in bestimmten Bereichen zu spezialisieren, darüber hinaus aber insbesondere zu erkennen, dass sich in unterschiedlichen Aspekten etc. häufig sehr ähnliche Muster finden lassen. Erkennt man dies und nutzt diese Erkenntnis Gewinn bringend, so wird man eher zum Allrounder, der aber auch über Spezialkenntnisse verfügt.   Mittelweg

Ein wichtiger Erfolgsfaktor besteht darin, gleiche Denk- und Handlungsmuster zu erkennen und diese Erfahrung zu nutzen. Auch dieses soll nachfolgend beispielhaft verdeutlicht werden: Krankenschwestern, die den Pflegeprozess systematisch kennen, können den Managementprozess ganz einfach mittels Assoziationen erlernen. Sie werden die in der nachfolgenden Gegenüberstellung verdeutlichte, ähnliche Struktur erkennen: Denk- und Handlungsmuster

Oberziel – Fernziel	Oberziel
Ist-Zustand – Ressourcen = Was kann der Klient selber/Pflegeanamnese (Anamnese = Krankheitsvorgeschichte)	Ist-Analyse / Situationsanalyse
Hilfe/Pflegeplan, der konkrete Strategien enthält	Strategie
Pflegeziele – Nahziele	Ziele
Konkrete Betreuungsmaßnahmen – Durchführung/Umsetzung der Maßnahmen	Maßnahmen/ Durchführung
Kontrolle – Haben sich Veränderungen bei den Klienenten ergeben?	Kontrolle/ Veränderung
Pflegedokumentation	Dokumentation

Der Managementprozess

Ähnliche
Muster
So, und was machen Sie, wenn Sie als Führungskraft beauftragt sind, ein Hotel zu übernehmen, ein Unternehmen aus den roten Zahlen zu führen, eine neue Dienstleistung einzuführen, ein Versicherungspaket zu verkaufen, eine neue Musikserie zu konzipieren, ein Projekt zum Erfolg zu führen ....? Eben, Sie gehen wie oben angeführt vor.

Sie sehen, das Muster bleibt nahezu identisch. Das bedeutet aber im Umkehrschluss: Wenn Sie solche Muster verstanden haben und in der Lage sind, diese auf unterschiedliche Situationen anzuwenden, dann sind Sie eher als Allrounder ausgebildet und ziemlich breit einsetzbar.

Nochmals, bitte beachten Sie stets: Ein angestrebtes Berufsfeld kann sich ändern und ändert sich gerade heute sehr schnell! Als Allrounder haben Sie möglicherweise Vorteile. Das gilt insbesondere dann, wenn Sie eine Beschäftigung in einem kleinen oder mittelständischen Unternehmen (KMU) anstreben. Hier wird deutlich mehr »Allround« und Vielfalt sowie Flexibilität erwartet. Aber auch viele größere Unternehmen suchen in bestimmten Bereichen insbesondere Generalisten.

Allrounder
Wie werden Sie »eher Allrounder«? Setzen Sie bereits im Studium auf mehrere Schwerpunkte und nicht nur alleine auf einen. Arbeiten Sie besonders intensiv im Rahmen des problemorientierten Lernens mit, nutzen Sie Projektarbeiten, engagieren Sie sich in studentischen Unternehmensberatungen und machen Sie mit in Netzwerken. Hier schärfen Sie Ihren normalen Menschenverstand und entwickeln unternehmerisches Gespür weiter. Gerade das wird in kleinen und mittelständischen Unternehmen erwartet. Schauen Sie in andere Fachbereiche hinein, nutzen Sie die Angebote der außerfachlichen Lehrveranstaltungen bzw. des Studiums Generale und vernetzen Sie sich mit Studierenden aus anderen Bereichen und Kulturen.

Das bringt
Sie weiter
Literatur: Kumm, A. W.: Vom Spezialisten zum Generalisten der Technik
IR: Studium Generale --- Allrounder

3.41 | Positionieren Sie sich strategisch

Erfahren Sie, wie Strategien Ihnen zum Erfolg verhelfen können.　　*Nutzen*

Eine Strategie im Rahmen des Studienmanagement ist ein – auf lange Sicht gerichteter – Verhaltensplan. Sie hat den Aufbau, die Erhaltung und den Ausbau von Erfolgspotenzialen zum Ziel. Unter strategischen *Erfolgpotenziale* Erfolgspotenzialen verstehe ich hier die Fähigkeiten, die es Ihnen erlauben, im Vergleich zu anderen Studierenden längerfristig überdurchschnittliche Ergebnisse/Erfolge zu erzielen und damit ggf. bei dem Wettbewerb um Arbeitsplätze besser aufgestellt zu sein. Diese Fähigkeiten sind beispielsweise besondere Studienleistungen, besondere Kontakte/Netzwerke, besondere Kernkompetenzen (Sprachen, Projektmanagement, Teamfähigkeit) etc.

Nachfolgend Beispiele für Strategien, sortiert nach Anspruchsgruppen　　*Strategien nach* (zugegeben, manches hört sich beim ersten Lesen eher ungewöhnlich　　*Anspruchsgruppen* an, das Vorgehen ist aber erfahrungsgemäß sehr wirkungsvoll):

- Allgemeine Strategien: Stets beste Qualität, in allem was Sie tun. Innovativ sein – stets suchend und auf zu neuen Ufern. Segmentierung der Module/Fächer/Vorlesungen, d.h. nicht alles über einen Kamm scheren, sondern differenzieren und die eigenen Energien bewusst einsetzen. (Segmentierung meint die Aufteilung eines Ganzen in in sich homogene und untereinander jedoch heterogene Teile – Segmente.) Kooperationen mit anderen Studierenden, z.B. zur gegenseitigen Nutzung von Kernkompetenzen.
- Strategien bezüglich Dozenten: Kundenorientierung – behandeln Sie Ihre Dozenten wie Kunden. Segmentierung der Dozenten z.B. nach der Wichtigkeit zur Erreichung Ihrer Ziele bzw. inwieweit sie dem Erreichen ihrer Ziele »schaden« können. Systematischer und nachhaltiger Aufbau von Kontakten zu ausgewählten Dozenten.
- Strategien bezüglich Mitstudierenden: Segmentierung, d.h. bewusste, kriteriengeleitete Entscheidung dafür, wie man wann mit wem zusammenarbeitet. Das Rad nicht immer neu erfinden, von der Erfahrung anderer Studierender – insbesondere höherer Semester – profitieren.
- Strategien bezüglich Partner, Freunden, Eltern etc.: Effektive und effiziente Studienstrategien und –methoden so anwenden, dass ausreichend Zeit bleibt für die Menschen, an denen mir besonders viel liegt. Absprachen treffen und Rat einholen.
- Strategien bezüglich Servicebereichen, wie etwa dem BAFÖG-Amt, der Bibliothek, dem zentralen Studierendenbüro, dem Prüfungsamt, dem Studierendensekretariat des Fachbereichs: Kundenorientierung – »Ich behandele die Mitarbeitern dieser Bereiche wie Kunden«. Schnelle Erledigung aller Notwendigkeiten, die in diesen wichtigen Bereichen auftreten.

Nutzwertanalyse

Bewerten Sie einzelne Strategien, um die wichtigsten auszuwählen. Eine häufig angewandte qualitative Methode zur Bewertung von Strategien stellt die Nutzwertanalyse dar, die nachfolgend erläutert wird. Die Vergleichbarkeit von Alternativen wird über Nutzwerte hergestellt.

Der Ablauf einer Nutzwertanalyse ist wie folgt:

Ablauf einer Nutzwertanalyse

- Schritt 1: Bestimmung der Zielkriterien. Zielkriterien liegen der Strategiebeurteilung zugrunde. Der erste Schritt der Nutzwertanalyse besteht in der Zusammenstellung eines solchen Kriterienkatalogs.
- Schritt 2: Gewichtung der Zielkriterien. Zur Beschreibung des Wertesystems des Entscheidungsträgers sind für alle Zielkriterien Gewichte festzulegen, welche die relative Bedeutung der Ziele untereinander angeben.
- Schritt 3: Ermittlung der Zielerträge. Je Alternative wird die Ausprägung der Zielerfüllung eines jeden Zielkriteriums durch Zuweisung eines Punktewertes (Zielerfüllungsgrad) bestimmt.
- Schritt 4: Berechnung der (gewichteten) Teilnutzwerte. Die Berechnung erfolgt durch die Multiplikation der Zielerträge mit den Gewichten der einzelnen Zielkriterien.
- Schritt 5: Nutzwertsynthese und Entscheidung. Der Gesamtnutzwert einer Alternative ergibt sich aus der Addition der (gewichteten) Teilnutzwerte. Die Entscheidung erfolgt für diejenige Alternative mit dem höchsten Gesamtnutzen.

Die Bewertung der einzelnen Alternativen und die Gewichtung ist natürlich eine subjektive Angelegenheit. Aber – und das macht den besonderen Charme des Verfahrens aus – die Benutzung und Gewichtung ist intersubjektiv nachprüfbar. Sie wird nämlich offen gelegt und kann interpretiert werden. Das bedeutet, Sie können hingehen und feststellen und begründen, dass die Bewertung einer anderen Person nicht nachvollziebar ist, oder vielleicht auch richtig, oder nur methodisch verbesserbar? Manchmal entsteht so ein wertvoller Dialog, z. B. mit Ihrem Studiencoach.

Das bringt Sie weiter

Literatur: Pümpin, C. u. a.: SEP. Strategische Erfolgspositionen
IR: »Strategische Erfolgsposition« --- Nutzwertanalyse

3.42 | Qualität ist Ihr Aushängeschild

Machen Sie sich einen Namen!   Nutzen

Erledigen Sie alle Aufgaben/Anforderungen, die eine Außenwirkung   Tipp
haben und wichtig sind, stets mit hoher Qualität. Falls Sie diese hohe
Qualität einmal nicht leisten können, so nehmen Sie die Aufgabe nicht
an, verschieben sie zeitlich oder überlassen Sie die Aufgabe anderen.
Falls die Anforderung gar nicht abzuwenden geht, weisen Sie zumindest darauf hin, dass Sie nur ein schlechteres Qualitätsniveau erfüllen
können. Ich garantiere Ihnen: Es wird sich auszahlen.

Wenn ich auf meine Berufsjahre als Professor an Fachhochschulen zu-
rückschaue und mir überlege, an welche Studierenden ich mich besonders gut erinnern kann, so sind es genau diese, die stetig gute Qualität
geliefert haben. Darüber hinaus ist es meine Erfahrung, dass sich eine
solche Haltung auch im Berufsleben auszahlt und auch dort zum Erfolg
führt. Gemeint ist aber umfassende Qualität, die in der Literatur gerne
in Strukturqualität, Prozessqualität und Ergebnisqualität differenziert
wird. Beziehen wir diese einmal auf die Hochschule/Studierende:

- **Strukturqualität** zielt auf die Gesamtheit der vorausgesetzten Struk-   Qualität
turen für die Produktion der Dienstleistungen: Sie bezieht sich auf
die persönliche Qualifikation der Dozenten und der Studierenden etc.
sowie die Ausstattung der Hochschule.
- **Prozessqualität** meint die Qualität des Prozesses der Dienstleistungs-
erstellung: Sie umfasst alle Handlungsprozesse innerhalb der Hochschule, also etwa die Qualität der Vorlesung eines Dozenten und die
Qualität des Mitschreibens eines Studierenden.
- **Ergebnisqualität** bezeichnet die Qualität des Ergebnisses der Dienst-
leistungsproduktion: Wie ist die Wirkung einer Veranstaltung in den
Köpfen der Studierenden und welche Chancen haben Studierende
dadurch auf dem Arbeitsmarkt? Insbesondere die Ergebnisqualität
ist im Bereich der Hochschule erfahrungsgemäß nur sehr schwer zu
messen.

Definieren Sie Ihre persönliche Qualität, die Sie gewährleisten können   Persönlicher Tipp
und halten Sie das gewählte Qualitätsniveau konsequent durch. Hier ist
nichts gefährlicher als ein Lippenbekenntnis.
    Ich versuche, nach dieser Regel zu verfahren und bin bisher damit
sehr erfolgreich gewesen.

Literatur: Bruhn, M.: Qualitätsmanagement für Dienstleistungen   Das bringt
IR: Strukturqualität --- Prozessqualität --- Ergebnisqualität   Sie weiter

3.43 | Nutzen Sie Ihr strategisches Veranstaltungsportfolio

Nutzen **Erkennen Sie, dass ein präzise geplantes Veranstaltungsportfolio erheblich zum Erfolg beitragen kann.**

Ein(e) Modul/Fach/Veranstaltung/Vorlesung ist für den Studienerfolg/ Ihre Ziele jeweils differenziert einzuschätzen. Nutzen Sie diese Überlegung systematisch aus und planen Sie dementsprechend strategisch. Planen Sie die Veranstaltungen in Ihrem persönlichen Fächerportfolio.

Persönliches Fächerportfolio Unterscheiden Sie,

- wie wichtig einzelne Veranstaltungen nach subjektiver Einschätzung für die Erreichung Ihrer persönlichen Studienziele sind und
- wie aufwändig der Einsatz von Ressourcen (insbesondere Zeit, ganz besonders bei Vor- und Nachbereitung) ist.

Unterscheiden Sie jeweils »niedrig« und »hoch«. Skalieren Sie diese Attribute noch jeweils mit »sehr« bis »wenig«, indem Sie einzelne Veranstaltungen etc. mehr links oder mehr rechts im jeweiligen Feld eintragen.

Notwendige Ressourcen	Hoch	???	Kritische Kandidaten
	Niedrig	Lästige Pflicht	Sichere Bank
		Niedrig	Hoch
	Wichtigkeit/Beitrag zur Zielerreichung		

Veranstaltungs-portfolio

Was steckt im Einzelnen hinter den Feldern?

- Als **»sichere Bank«** sollen hier Module/Veranstaltungen bezeichnet werden, die eine hohe Wichtigkeit/einen hohen Beitrag zur Zielerreichung haben, aber bei denen der notwendige Ressourceneinsatz eher niedrig ist. Das sind häufig Kernbereiche, in denen Sie sich sehr fit bewegen können. Das sind auch häufig Fächer, denen, obwohl sie sicher sind, von Ihnen viel Aufmerksamkeit gewidmet wird. Natürlich ist es einfacher und bequemer, Fächer weiter zu vertiefen, in denen man sowieso schon besonders fit ist. Man merkt zunächst vordergründig höhere Erfolge, ist zufriedener und glaubt, die Zeit/ Ressourcen gut genutzt zu haben. Irrtum! Die richtige Strategie: Ressourceneinsatz auf das zur erfolgreichen Absolvierung notwendige Maß beschränken.
- Als **»kritische Kandidaten«** werden solche Module/Veranstaltungen charakterisiert, die eine hohe Wichtigkeit/einen hohen Beitrag zur Zielerreichung haben, aber bei denen der notwendige Ressourcen-

einsatz eher hoch ist. Die Strategie: Widmen Sie jedem »Kandidaten« erhöhte Aufmerksamkeit und planen Sie das Vorgehen detailliert! Überprüfen Sie Ihr Fortkommen regelmäßig!

- Als **»???«** werden solche Module/Veranstaltungen benannt, die eine niedrige Wichtigkeit/einen niedrigen Beitrag zur Zielerreichung haben, aber bei denen der notwendige Ressourceneinsatz eher hoch ist. Deshalb sind diese besonders unangenehm. Die Strategie: Bei diesen Veranstaltungen ist es wesentlich herauszufinden, wie Sie mit minimalem Mitteleinsatz zum festzulegenden Erfolgsziel kommen.

- Als **»lästige Pflicht«** werden solche Module/Veranstaltungen benannt, die eine niedrige Wichtigkeit/einen niedrigen Beitrag zur Zielerreichung haben, und bei denen der notwendige Ressourceneinsatz auch eher niedrig ist. Die Strategie lautet hier: Aufpassen, dass man nichts falsch macht, also insbesondere die Regularien dieser Veranstaltungen (wie etwa regelmäßige Teilnahme etc.) beachten.

Portfolio aktualisieren

Es ist natürlich gerade am Beginn des Studiums schwierig, eine entsprechende Fächerplanung präzise vorzunehmen. Deshalb ist es notwendig, dass das Portfolio »dynamisch« angepasst und immer wieder überarbeitet wird. Wenn Sie das Portfolio z. B. in PowerPoint erstellen, wird es Ihnen nicht viel Mühe bereiten, dies entsprechend zu pflegen. Machen Sie sich die Einordnung nicht zu leicht. Nach meiner Erfahrung werden Veranstaltungen zu schnell als »lästige Pflicht« eingeordnet.

Tipp

Sprechen Sie ein von Ihnen erstelltes Studienportfolio unbedingt mit Ihrem Studiencoach/Mitstudierenden etc. durch. Ihre Überlegungen bleiben dann nicht mehr subjektiv, sondern werden zumindest »intersubjektiv nachprüfbar«. Ihr Gesprächspartner kann Ihnen beispielsweise sagen, ob Sie realistisch planen oder eher zu optimistisch bzw. zu pessimistisch. Falls ganz andere Kriterien als die oben angewandten für Sie relevant sind, so ändern Sie die Kriterien der Matrix entsprechend ab. Hier ist viel Freiraum für kreatives Denken und Tun.

Das bringt Sie weiter

Literatur: Mandl, H. u.a. (Hrsg.): Handbuch Lernstrategien
IR: Lernportfolio --- Lehrportfolio

3.44 | Finden Sie Wichtiges treffsicher heraus

Nutzen **Separieren Sie treffsicher Wichtiges von Unwichtigem und achten Sie darauf, dass keine wichtigen Wissensbausteine verloren gehen.**

Die oben dargestellte strategische Analyse Ihrer Veranstaltungen hat eventuell zur Folge, dass Sie bestimmte Veranstaltungen vorab als unwichtige »lästige Pflicht« charakterisieren. Achten Sie bei diesen Veranstaltungen besonders darauf, welche Informationen, Instrumente, Methoden hier vermittelt werden, die Ihnen in anderen Bereichen von Nutzen sein können, also beispielsweise eher den Allrounder-Fertigkeiten zugewiesen werden können. Nehmen Sie diese Informationen zielgerichtet auf.

Beispiel aus meiner Studienzeit Statistik bestand aus drei Veranstaltungen. Die erste (Bevölkerungsstatistik) war uninteressant, der Dozent langweilig, die Vermittlung von Wissen schleichend langwierig. Die wesentlichsten Informationen konnte ich schneller durch das Selbststudium erwerben. Die zweite Vorlesung diente zur mathematischen Herleitung/Beweis von Sätzen und Formeln. In der dargebotenen Form war sie nicht klausurrelevant. Die dritte Veranstaltung war eine Übung. Hier wurden Aufgaben durchgesprochen, wie sie auch in der Klausur vorkamen. Mein Vorgehen hat sich bewährt: Bezüglich der Inhalte der ersten Veranstaltung habe ich die wichtigsten Informationen im Selbststudium erworben und die wenigen Stunden besucht, wo interessante Gastdozenten angekündigt waren. Die zweite habe ich nicht besucht. Bei der dritten war ich regelmäßig anwesend. Eigentlich ein selbstverständliches Vorgehen, oder?

Differenzierung im Kontext der Ziele Aber wie können Sie »Wichtiges« von »Unwichtigem« unterscheiden? Ich empfehle Ihnen die Differenzierung im Kontext Ihrer Ziele zu sehen:
- Wichtig ist, was besonders zur Erreichung Ihrer Ziele beiträgt, was Sie Ihren Zielen näher bringt. Nicht in jedem Fall muss Wichtiges auch dringlich sein, Wichtiges kann nämlich auch in der Zukunft liegen/realisiert werden.
- Weniger wichtig bis unwichtig sind alle anderen Aktivitäten/Veranstaltungen.

Führen Sie Prioritäten ein und sortieren Sie entsprechend:
1 = Sehr wichtig
2 = Eher wichtig
3 = Eher unwichtig
4 = Unwichtig

Das bringt Sie weiter **Literatur:** Reinhardt, S.: Priorität
IR: define:Wichtigkeit

3.45 | Sie sind ja vielleicht eine Marke

Erkennen Sie den Nutzen, sich als »Marke« zu positionieren.

Nutzen

Haben Sie schon einmal darüber nachgedacht, sich selber quasi als Marke zu positionieren? Nein, ernsthaft, denken Sie mal an eine Kommilitonin Frau M.M. Und dieser Name ist für viele Dozenten eine Marke. Der Name steht als Marke für Qualität, Engagement, Freundlichkeit etc. Überall dort, wo sie auftaucht, da ist was los, weil sie sich engagiert, weil sie mitmacht, weil sie bei der Sache ist. Und das schätzen viele Kommilitonen und Dozenten gleichermaßen. Sie hat aber auch viele Neider. Andere Kommilitonen stempeln Sie nämlich als Streberin ab, zischen Sie an, schimpfen, wenn Sie nachfragt, mehr verlangt, in den Augen der Neider nur den prüfungsrelevanten Stoff »vermehrt«.

Diese Marke bewirkt eine ganze Menge. Fast alle Dozenten kennen sie mit Namen, schätzen ihre Fachlichkeit. Sie sind gerne für Frau M.M. da. Manche tragen sogar Projektanfragen an sie als erste heran. Andere gleichen eine etwas schlechtere Tagesform von Frau M.M. in einer Seminarprüfung wegen ihrer tollen Gesamtleistung aus und drücken beide Augen zu. (Hinweis: Hier steht nicht zur Debatte, ob dies vom Prüfer richtig ist. Frau M.M. hat einfach nur erlebt, dass es definitiv so sein kann. Entscheidend ist, sich dies bewusst zu machen.) Warum sollten nicht auch Sie dies übernehmen und zum Programm machen?

Nachfolgend eine Liste mit Anregungen, wie Sie positiv auffallen können:

Positiv auffallen

- Seien Sie stets charmant, fröhlich, hilfsbereit und offen.
- Bereiten Sie alle Veranstaltungen vor und nach. Seien Sie geistig anwesend. Beteiligen Sie sich hellwach an den Veranstaltungen.
- Stellen Sie Fragen und beantworten Sie gestellte Fragen, rechnen Sie Übungsaufgaben.
- Stellen Sie Literaturquellen, die Sie selber gefunden haben, Ihrem Dozenten/Ihrer Dozentin vor.
- Erfüllen Sie die Anforderungen, arbeiten Sie stets ordentlich.

Machen Sie bitte allen Menschen, die jetzt wieder mit dem Streberargument kommen, klar: Streber streben auf Ziele zu und das ist sehr positiv. Und die Menschen, die die Erfahrung, die Sie insgesamt machen (und damit vielen Mitstudierenden voraushaben), »Einschleimen« nennen, können Ihnen vermutlich sowieso nicht viel bieten.

Streber!

Literatur: Herbst, D: Der Mensch als Marke
IR: Mensch als Marke

*Das bringt
Sie weiter*

3.46 | Arbeiten Sie, »wo immer Sie stehen und sitzen«

Nutzen
Erkennen Sie, dass Sie »Wartezeiten« effektiver und effizienter nutzen könnten!

Carpe Diem
»Carpe Diem« – Nutze den Tag! Das ist ein wesentliches Prinzip vieler erfolgreicher Menschen. Und sie sind glücklich damit. Denn sie bekommen eine ganze Menge geschafft und kommen so ihrem Ziel Schritt für Schritt näher. Einige konkrete Tipps für Studierende:

Tipps
- Im Bus, in der Bahn und im Auto als Mitfahrer können Sie Vokabeln lernen/wiederholen, evtl. auch gemeinsam.
- In einer Freistunde können Sie prima in der Bibliothek recherchieren – oder suchen Sie sich einen freien Raum und lesen Sie in einem Lehrbuch.
- Die nächste Veranstaltung beginnt erst in 15 Minuten. Da können Sie doch noch schnell eine Übungsaufgabe absolvieren.
- Lassen Sie Ihre Gedanken doch noch mal über den Wissensstoff des Tages schweifen, wenn Sie in der Kneipe auf einen Freund warten oder beim Einkaufen auf den Partner.
- Beim Sport gelingt es vielleicht, verschiedene Gliederungsvarianten für das anstehende Referat gedanklich gegeneinander abzuwägen.
- Mit dem Fahrrad auf dem Weg zum Supermarkt – da lässt sich doch das soeben gelernte Modell noch einmal reflektieren.
- Und im Sommer lernt es sich im Liegestuhl auch nicht schlecht.

Lernkarten – stets dabei
An anderer Stelle habe ich Ihnen empfohlen, mit einer Lernkartei zu arbeiten. Und genau die Lernkarten, die Sie dort benutzen, sollten Sie stets bei sich tragen, sagen wir so ca. 20 Stück. Und diese sollten Sie dann über Tag lernen und beständig wiederholen. Neben der Arbeit, in einer Pause, in der Bahn etc. – kurz mal einen Blick auf die Lernkarten und eine Vertiefung des Lernstoffes ist gesichert. Übrigens: Es geht auch mit Handy, Pocket-PC, Laptop, Audiodateien auf Stick etc.

Wissen Sie eigentlich, wie viel Zeit Sie vergeuden? Rechnen wir z. B. morgens 1 Freistunde zu 60 Minuten + 45 Minuten Wartezeit zwischen Vorlesungen + 2 Stunden Hin- und Rückfahrt zur Hochschule + 15 Minuten auf Max warten + 10 Minuten Hin- und Rückweg zum Supermarkt = 4 Stunden und 10 Minuten. Wenn Sie davon die Hälfte nutzen, so sind das immerhin noch mehr als 2 Stunden pro Tag, also 10 Stunden in der Woche, also 40 Stunden im Monat und somit ca. 500 Stunden im Jahr. Was sagt der Kölsche: Von nix kütt nix. Also los!

Das bringt Sie weiter
Literatur: Sprachkurse von Vera F. Birkenbihl
IR: Lernen zu jeder Zeit an jedem Ort

4 Erfolgreicher EDV-Einsatz – Basistipps

Der Nutzen, den die EDV/der PC im Studium/beim Aufbau von Wissensnetzwerken bringt, ist vielfältig. EDV unterstützt Schreiben, Rechnen, Visualisieren, Archivieren, Selbstmanagement, Üben und Recherchieren etc. Hilfreich sind z.B. die Textverarbeitung mit Software, die Nutzung standardisierter Vorlagen, PDFs, die überall gute Ergebnisse liefern. Hilfreich sind auch Software zur Komprimierung, Rechnen mit Tabellenkalkulationsprogrammen, Programmieren mit Visual Basic, Visualisieren mit Grafikprogrammen, Fotobearbeitung, Einscannen, Archivierung mit Datenbanktools, Datensicherung etc.

Damit nähert man sich eher dem umfassenden Begriff eines Informationsmanagements. Eher allgemein meint Informationsmanagement die zielgerichtete Gestaltung, Steuerung und Entwicklung der Bereitstellung von Informationen in der richtigen Form, zur richtigen Zeit, am richtigen Ort. Etwas spezieller wird unter Informationsmanagement die betriebliche Funktionseinheit verstanden, die für die EDV zuständig ist. Weiterhin leitet sich der Begriff des persönlichen Informationsmanagements ab, der auf den persönlichen Umgang mit Informationen und damit auf die individuelle Informationsverarbeitung zielt. Häufig wird Informationsmanagement so synonym zu »EDV« genutzt.

Informationsmanagement

Mindest-Basiskompetenzen für ein Erfolg versprechendes studentisches Informationsmanagement sind zweifelsohne Grundkenntnisse in

Basiskompetenzen

- Funktionsweise von Betriebssystemen,
- Verwendung von Anti-Viren-Software,
- Textverarbeitung,
- Nutzung von E-Mail-Systemen,
- Internet-Recherche,
- Literatursuche in den Datenbanken der Universitätsbibliothek,
- Tabellenkalkulation,
- Präsentation.

Erweiterte Kompetenzen finden sich in der
- Nutzung von Software zum Mind-Mapping,
- Erstellung multimedialer Studieneinheiten,
- Gebrauch von Datenbanken,
- Einsatz von Firewalls etc.

Hier nun einige Erfolg versprechende Basistipps, die Ihnen insbesondere bei der Elaboration von Wissensinhalten von Nutzen sein sollten.

4.1 | Nutzen Sie kostenlose Software

Nutzen **Erkennen Sie den Wert von Open Source für das Studium.**

Folgende Unterscheidung ist bei der Nutzung von Software relevant:

- **Kommerzielle Software:** Kommerzielle Software sind Anwendungen, die mit dem Ziel entwickelt wurden, damit Geld zu verdienen. Mit dem Kauf kommerzieller Software erwirbt man in der Regel nur das Nutzungsrecht an den Programmen. Kommerzielle Software darf der Käufer nicht vervielfältigen und verteilen.
- **Shareware:** Shareware ähnelt der normalen kommerziellen Software, allerdings gibt es eine Testphase, innerhalb der die Programme kostenlos erprobt werden können.
- **Freeware:** Freeware ist kostenlose Software, von der beliebig viele Exemplare eingesetzt werden können. Auch die unentgeltliche Weitergabe ist erlaubt.
- **Public-Domain-Software:** Bei Public-Domain-Software hat der Autor auf alle Rechte am Programm verzichtet. Es ist »Allgemeingut« geworden. Jeder darf Public-Domain-Software nach Belieben einsetzen, vervielfältigen und verändern.
- **Open-Source-Software:** Open-Source-Software kann nach Belieben kopiert und weitergegeben werden. Dies gilt auch für selbst vorgenommene Programmerweiterungen.

Das bringt   **Literatur:** Brügge, B. u.a.: Open-Source-Software
Sie weiter   **IR:** Open Source
http://de.wikipedia.org/wiki/Opensource
Apache: www.apache.org
Eclipse: www.eclipse.org
Free BSD: www.freebsd.org
Freemind: http://freemind.sourceforge.net
GNOME: www.gnome.org
GNU-Software: www.gnu.org
KDE: www.kde.org
Linux: www.linux.de
Mozilla: www.mozilla.org
MySQL: www.mysql.com
OpenOffice: www.openoffice.org --- http://de.openoffice.org/
OpenOffice portable: http://www.oooportable.org
PostgreSQL: www.postgresql.org
Typo3: www.typo3.org
Open Source Software: www.opensource.org --- www.sourceforge.net.
Freie Software für den Bildungsbereich: www.campussource.de

4.2 | Nutzen Sie die Bürosoftware OpenOffice

Erledigen Sie die Textverarbeitung, Kalkulation und Präsentation mit OpenOffice.

Nutzen

OpenOffice ist ein umfangreiches Bürosoftware-Paket, das auf verschiedenen Plattformen verfügbar ist. Daten aus dem Office-Paket von Microsoft können sowohl importiert als auch exportiert werden. Viele Anwender sind begeistert. OpenOffice braucht den Vergleich mit konventioneller Software nicht zu scheuen.

WRITER ist das Textverarbeitungsprogramm von OpenOffice.org: Nutzen Sie es für alles vom einfachen Brief bis zum komplexen Buch mit Hyperlinks, Inhaltsverzeichnis, eingebetteten Illustrationen, Literaturverzeichnissen und was bei Ihnen sonst noch an Aufgaben anfällt. Auto-Vervollständigen, Auto-Format und die Rechtschreibprüfung während der Eingabe erleichtern schwierige Aufgaben. Writer beherrscht auch verschiedene Desktop-Publishing-Aufgaben wie die Erstellung von Newslettern mit mehreren Spalten oder Broschüren. Die einzige Grenze ist Ihre Vorstellungskraft.

Was ist in OpenOffice.org enthalten?

CALC bändigt Ihre Zahlenkolonnen und hilft Ihnen, bei schwierigen Entscheidungen die Alternativen gegeneinander abzuwägen. Mit Calc analysieren, summieren und präsentieren Sie Ihre Daten. Diagramme und Werkzeuge zur Auswertung verhelfen zur Transparenz Ihrer Zahlen. Ein voll integriertes Hilfesystem erleichtert Ihnen die Eingabe von komplexen Formeln. Fügen Sie externe Daten mit Hilfe des Daten-Piloten ein, sortieren und filtern Sie sie, erstellen Sie Zwischensummen und statistische Analysen. Nutzen Sie die Vorschau, um aus einer Anzahl von 13 Kategorien von 2-D- und 3-D-Grafiken inklusive Linien-, Flächen-, Balken-, Kuchen-, XY- und Netz-Diagrammen mit Dutzenden von Varianten die passende Darstellung zu finden.

IMPRESS ist der schnellste und einfachste Weg, um effektive Multimedia-Präsentationen zu erstellen. Eindrucksvolle Animationen und Aufsehen erregende Spezialeffekte unterstützen Sie dabei, Ihre Zuhörer zu überzeugen.

DRAW erstellt alle Zeichnungen, vom einfachen Diagramm bis zu dynamischen 3-D-Illustrationen mit Spezialeffekten.

BASE ist das ganz neue Datenbankmodul. Mit BASE integrieren Sie Ihre Datenbank nahtlos in OpenOffice.org. Erstellen und modifizieren Sie Tabellen, Formulare, Abfragen und Berichte, benutzen Sie Ihre eigene Datenbank (MySQL, PostgreSQL oder Microsoft Access) oder die in BASE integrierte HSQL-Datenbank.« (Quelle: http://de.openoffice.org/product/index.html; 12.11.2006)

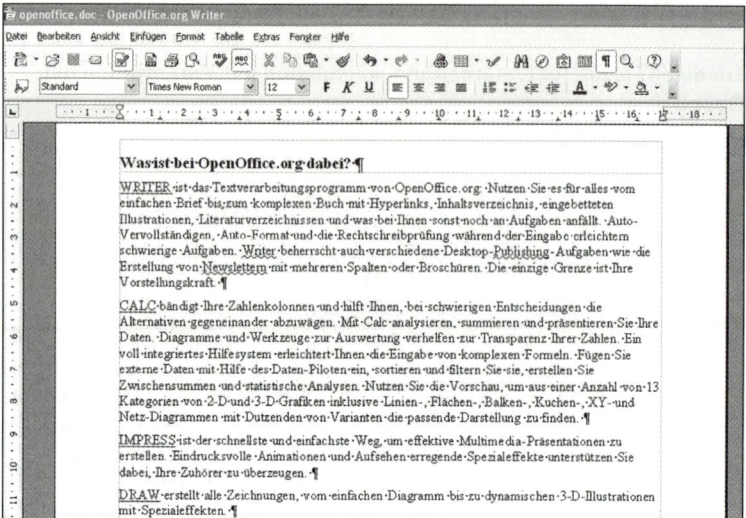

OpenOffice Writer

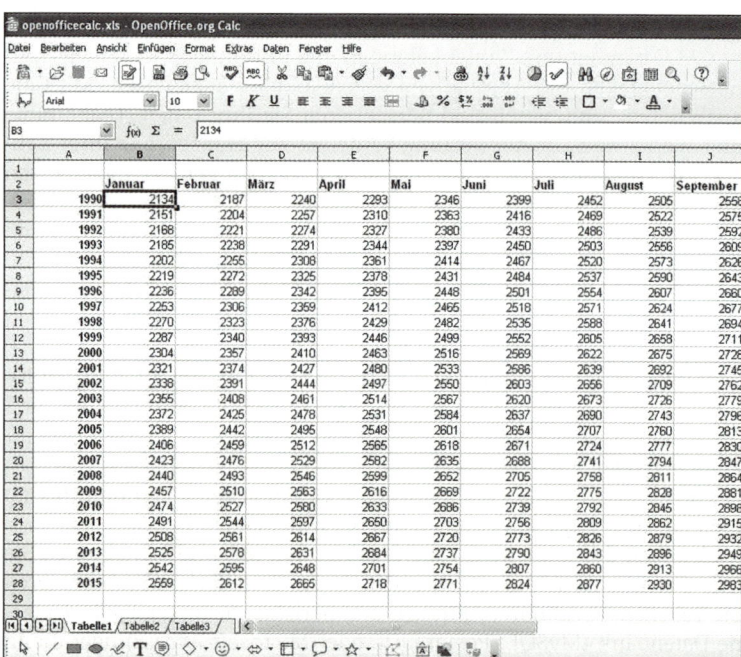

OpenOffice Calc

OpenOffice Draw

Für fortgeschrittene Nutzer und solche, die OpenOffice.org ohne Instal-
lation testen oder nutzen möchten, gibt es das Paket OpenOffice.org
Portable Plus direkt auf einem USB-Stick. OpenOffice.org Portable ist
eine komplett ausgestattete Office-Lösung, die in der deutschsprachigen
Version derzeit 89,9 MB umfasst. Es handelt sich um sogenannte Stick-
ware (Portable Apps, tragbare Programme, die ohne vorherige Installa-
tion lauffähig sind).

OpenOffice
Portable

Literatur: Rinne-Funteh, K.: OpenOffice 2.0.3 --- Born, G.: OpenOffice.org 2. Fürs Büro,
für zu Hause, für die Schule, fürs Studium, Kolberg, M.: Openoffice.org 2.0 ---
Fränkl, G.: Wissenschaftliche Arbeiten --- Surendorf, K; Wissenschaftliche Arbeiten
mit OpenOffice.org 2.0
IR: Open Office --- Openoffice

Das bringt
Sie weiter

4.3 | Erstellen Sie Mind Maps mit FreeMind

Nutzen **Mind Maps professionell mit Open-Source-Software erstellen.**

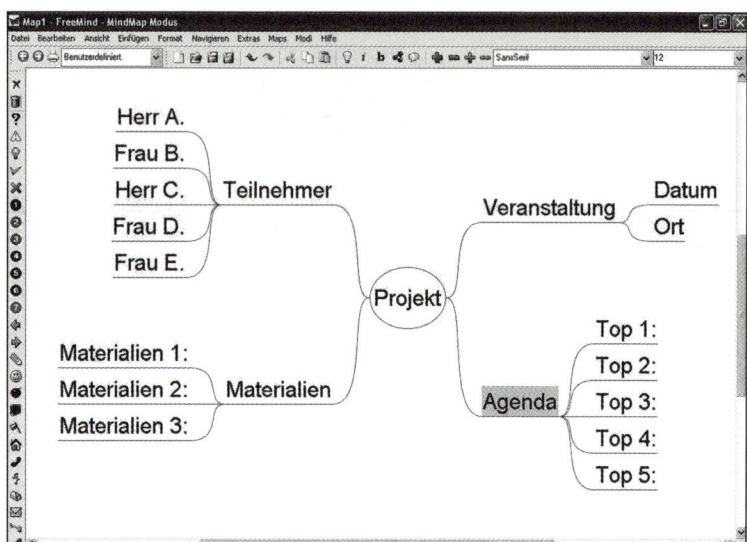

Mind Map –
erstellt
mit FreeMind

FreeMind FreeMind ist ein bereits sehr leistungsfähiges Open-Source-Tool zur Erstellung von Mind Maps. Die Grundfunktionalität der Gedankenkarten, nämlich die Erzeugung von strukturierten Übersichten über Wissensinhalte mittels Verzweigungen (Assoziationen) ist gegeben. In die erstellten Mind Maps lassen sich Hyperlinks oder Bilder einfügen. Mit Exportfunktionen lassen sich die Ergebnisse unter anderem als XHTML oder im OpenOffice.org Writer-Format abspeichern. Das Programm FreeMind wurde in der Programmiersprache Java entwickelt.

Insgesamt bietet FreeMind bereits eine Fülle von Einstellungsmöglichkeiten an und erreicht somit einen hohen Funktionsumfang. Dieser ist durchaus mit dem kommerzieller Software vergleichbar. Manches steckt aber noch in der Entwicklung. Das Programm ist in der vorliegenden Version bestens einsetzbar und wird vermutlich zum leistungsfähigeren Einsatz weiter entwickelt werden.

Das bringt **Literatur:** Reibold, H. F.: Mind-Mapping mit FreeMind
Sie weiter **IR:** FreeMind

4.4 | Nutzen Sie weitere Open-Source-Systeme

Kostenlose und leistungsfähige Betriebssysteme können von Ihnen eingesetzt werden.

Nutzen

Im Bereich der Open-Source-Betriebssysteme bieten sich folgende Lösungen an:

Open-Source-
Betriebssysteme

- GNU/LINUX: Ein sehr bekanntes Open-Source-Projekt. Das UNIX-kompatible Betriebssystem LINUX und die GNU-Softwarewerkzeuge der Free Software Foundation bilden inzwischen eine vollständige und ausgereifte Systemplattform, die in Hinsicht auf Portabilität, Skalierbarkeit, Flexibilität und Stabilität keinen Vergleich mit kommerzieller Software scheuen muss. Namhafte Unternehmen wie IBM, Novell und Oracle bieten Software auf Basis von Linux an.
- FreeBSD: Ein weiteres auf UNIX basierendes, freies Betriebssystem. Das System wurde an der Universität Berkeley entwickelt.

Als grafische Benutzeroberflächen sind bekannt:

Grafische
Benutzer-
oberflächen

- KDE: Das K-Desktop Environment bietet für die LINUX-Welt eine professionelle Benutzeroberfläche, die in ihrer Leistungsfähigkeit mit der Windows-Benutzeroberfläche vergleichbar ist.
- GNOME: Das GNU Network Object Environment ist eine weitere leistungsfähige grafische Benutzeroberfläche für LINUX-Systeme.

Als Internet-Software bieten sich an:

Internet-Software

- Apache: Der Apache-Webserver ist weit verbreitet. Mehr als die Hälfte aller Webserver weltweit basieren auf dieser Software. Der Apache ist für LINUX und Windows verfügbar.
- Firefox: Firefox ist ein Open-Source-Web-Browser, der sich heute besonderer Beliebtheit erfreut.
- Thunderbird: Zu Firefox dazugehörig, hat sich das E-Mail-Programm »Thunderbird« etabliert.
- Typo3: Ein sehr gut strukturiertes und intuitiv bedienbares Content-Management-System zur Verwaltung der Website und Unterstützung des Wissensmanagements.

Als Datenbanksysteme bieten sich an:

Datenbank-
systeme

- MySQL: MySQL ist ein weit verbreitetes Open-Source-Datenbanksystem, das insbesondere für Internet-Anwendungen häufig eingesetzt wird.
- PHP: PHP ist eine moderne Programmiersprache, insbesondere zur Programmierung dynamischer Websites bestens geeignet.

Literatur: Brügge, B. u.a.: Open-Source-Software
IR: www.opensource.org

Das bringt
Sie weiter

4.5 | Dynamisieren Sie Ihre Dokumente mittels Hyperlinks

Nutzen

Hyperlinks ermöglichen Verknüpfungen/Bezüge in Dateien (Textverarbeitung, Grafik, Tabellenkalkulation)

Ein Hyperlink (kurz Link) ist eine anklickbare, elektronische Verknüpfung zu Textverarbeitungsdateien, zu HTML-Dateien, zu Präsentationen in Grafikprogrammen, zu Webseiten, zu einer Stelle im aktuellen Dokument, zu einer E-Mail-Adresse etc. und zweckmäßig eingesetzt eine geniale Sache!

Elektronische Verknüpfung

In einem Textverarbeitungsdokument zur Zinsrechnung verknüpfen Sie z.B. über das Inhaltsverzeichnis zu den einzelnen Unterkapiteln und/oder Sie Verknüpfen zu einer Grafikpräsentation (Animation zur Vorgehensweise) und/oder Sie verknüpfen zu einem Übungstool (Aufgabentool) in einem Tabellenkalkulationsprogramm und/oder zu einer interessanten Website etc. und schon haben Sie möglicherweise ein sehr nützliches Lerntool geschaffen.

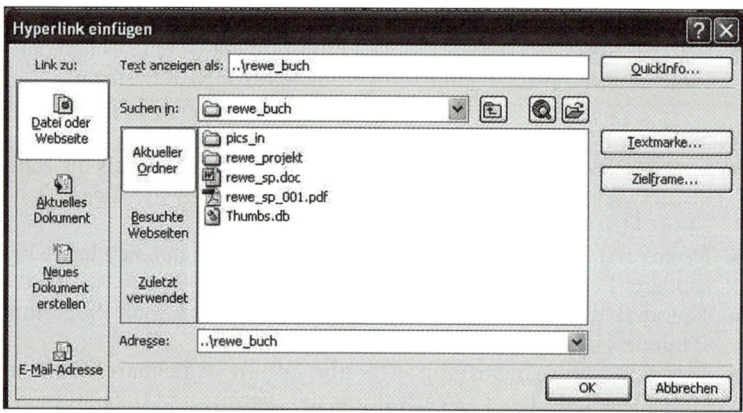

Word-Dialogbox zum Hyperlink

Es ist einfach, einen Hyperlink einzufügen. Sie müssen lediglich den Text/das Element markieren, welchen(s) Sie als Hyperlink anzeigen möchten. Dann fahren Sie in dem benutzten Programm fort, meistens finden Sie die entsprechende Funktionalität bei »Einfügen« und »Hyperlink«. Alle weiteren Aktionen sind selbsterklärend.

Das bringt Sie weiter

Literatur: Busse-Muskala, V.: Strafrechtliche Verantwortlichkeit der Informationsvermittler im Netz
IR: Hyperlink

4.6 | Sparen Sie Papier beim Ausdruck

Sparen Sie Papier sowie Druckfarbe und nutzen Sie gleichzeitig die Möglichkeit, praktikable Lernkarten zu drucken.

Nutzen

Viele Drucker bieten Ihnen die Möglichkeit, einen Ausdruck mehrerer Seiten auf einem Blatt vorzunehmen. Das ist an sich schon bei der reinen Textverarbeitung etc. sehr nützlich. Die entsprechenden Einstellungen finden Sie im Druckmenü bzw. den Einstellungen Ihres Druckers.

Ausdruck 1

Besonders nützlich ist aber der Ausdruck von vorzugsweise vier Folien auf eine Seite. Wenn Sie diese auseinandertrennen, so erhalten Sie zweckmäßige Lernkarten, ggf. mit Frage/Antwort auf getrennten Seiten.

Lernkarten

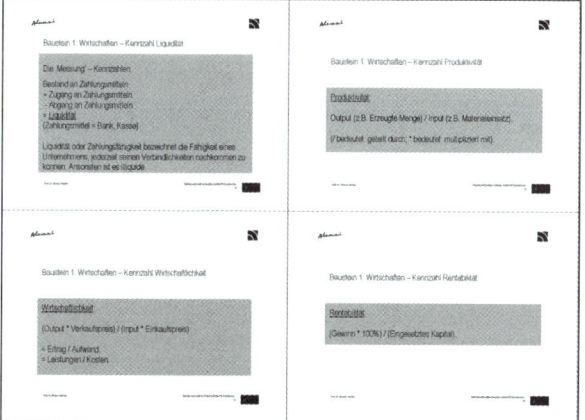

Ausdruck 2

IR: Druck auf mehrere Seiten --- Mehrere Seiten auf ein Blatt drucken

Das bringt
Sie weiter

4.7 | Kopieren Sie Inhalte ohne Formatierungs-Ballast

Nutzen **Kopieren Sie relevante Informationen auf die Festplatte – wenn gewünscht ohne den Ballast von Formatierungen.**

Copy & Paste (Kopieren und Einfügen, C&P) – wer kennt es nicht und wer nutzt es nicht. Zuerst werden die zu übertragenden Daten in einem Speicher abgelegt (Copy, kopieren) und dann in anderen Anwendungen beliebig oft eingelesen (Paste, einfügen). Eine Funktion, die bestens geeignet ist beim Elaborieren.

Beispiel Im Rahmen des Rechnungswesens lernen Sie, was Anlagevermögen ist. Sinnvollerweise prägen Sie sich hierzu die Definition aus dem Handelsgesetzbuch ein. Diese suchen Sie sich im Internet und kopieren sie aus dem Internet in Ihre Lerndatei. Aber dabei werden sämtliche Formatierungen mit eingefügt, obwohl diese nur störend sind, sozusagen Ballast darstellen.

Das ist aber nicht nötig. Wenn Sie z. B. in der Textverarbeitung »Word für Windows« bei »Bearbeiten« statt »Einfügen« den Menüpunkt »Inhalte einfügen« und dann »unformatierter Text« wählen, so verschwinden alle Formatierungen und nur der reine Text wird eingefügt.

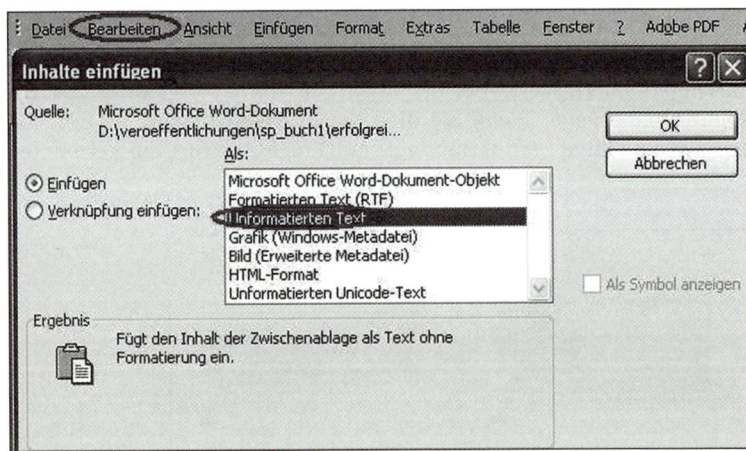

**Word Dialogbox
»Inhalte einfügen«**

**Das bringt
Sie weiter** **Literatur:** Bildner, C.: Word XP – Basiswissen für Einsteiger
IR: unformatiert einfügen

4.8 | Nutzen Sie Screenshots

Wichtige Informationen schnell per Screenshot bereitstellen.

Unter einem Screenshot (Bildschirmdruck) versteht man das Abspeichern des aktuellen Bildschirminhaltes in der Zwischenablage. Einen Screenshot erzeugen Sie, indem Sie die »Druck«-Taste (Print Screen, Print Scrn) auf Ihrer Tastatur – meistens oben rechts neben den Funktionstasten – betätigen. Der Inhalt des Bildschirms wird dann digital in der Zwischenablage gespeichert. Außerdem enthalten Programme, die speziell zur Bildbearbeitung programmiert sind, meistens spezielle Funktionen, um Bildschirmfotos zu erstellen.

Der Inhalt der Zwischenablage kann nun in ein geeignetes Programm eingefügt und ggf. weiterbearbeitet werden. Insbesondere eignet sich hierzu das einfache Zeichenprogramm »Paint«, das in jeder Windows-Installation bei »Programme« »Zubehör« verfügbar ist.

Sie wollen einer Mitstudierenden erläutern, mit welchem Symbol die Steuerzeichen in Microsoft Word ein- und ausgeblendet werden können. Als Steuerzeichen bezeichnet man die Zeichen, die nicht darstellbar sind, sondern insbesondere den Druck/die Darstellung des Textes steuern. So gehen Sie vor: Sie erstellen einen Bildschirmdruck (Screenshot) und schneiden den oberen Menüteil in Paint aus. Dort erstellen Sie auch einen Markierungshinweis auf die spezielle Funktion. Die Datei speichern Sie als Bilddatei ab und versenden Sie per E-Mail. Sie können den Inhalt auch mit der Zwischenablage kopieren.

Nutzen Sie diesen Weg auch,

- um Fehler zu dokumentieren,
- um Fragen zu erläutern,
- um Bilder aus Software abzuspeichern, die man anders nicht abspeichern kann,
- um Bilder aus dem Internet abzuspeichern,
- zur Erklärung und Schulung von Software,
- zur Unterstützung der Bedienung von Programmen,
- als »Beweisfotos« jeglicher Art.

Achten Sie stets darauf, dass keine Urheberrechtsprobleme entstehen. Dies gilt ggf. bei der Verwendung der Screenshots in Veröffentlichungen.

IR: screenshots

4.9 | Nutzen Sie die Funktion Suchen + Ersetzen

Nutzen   **Wie Sie mit »Suchen« und »Ersetzen« Wörter in Windeseile finden und durch andere ersetzen.**

Bereits in der Grundfunktionalität bietet Ihnen der Befehl »STRG F« – auch im Menü »Bearbeiten«/»Suchen« vorhanden – die Möglichkeit, bestimmte Wörter etc. auch in umfangreichen Texten in Windeseile zu finden.

Suchen   Geben Sie einfach den Suchbegriff ein und klicken Sie auf »Weitersuchen«. Wenn Sie auf »Erweitern« klicken, eröffnen sich neue Optionen:

Suchen erweitert

Sie können wählen, ob

- Groß-/Kleinschreibung berücksichtigt werden soll, wodurch die Software ggf. die jeweils andere Schreibweise nicht findet;
- nur ganze Wörter gesucht werden sollen (also nur komplette Wörter und nicht Wörter, die den Begriff enthalten);
- Platzhalterzeichen verwendet werden sollen etc.

Insbesondere mit Platzhalterzeichen ergeben sich weitere vielfältige Möglichkeiten. Wenn Sie bei der Suche beispielsweise ein Sternchen (*) als Platzhalter für eine Zeichenfolge »w*n« verwenden, finden Sie »werben« und »wenden«).

Besonders stark sind diese Funktionalitäten dadurch, dass Sie automatisch gefundenen Text etc. durch einen anderen ersetzen lassen können. In der bereits erweiterten Form ergibt sich folgender Bildschirm durch Klick auf den mittleren Reiter »Ersetzen« und unten auf den Button »Erweitert«:

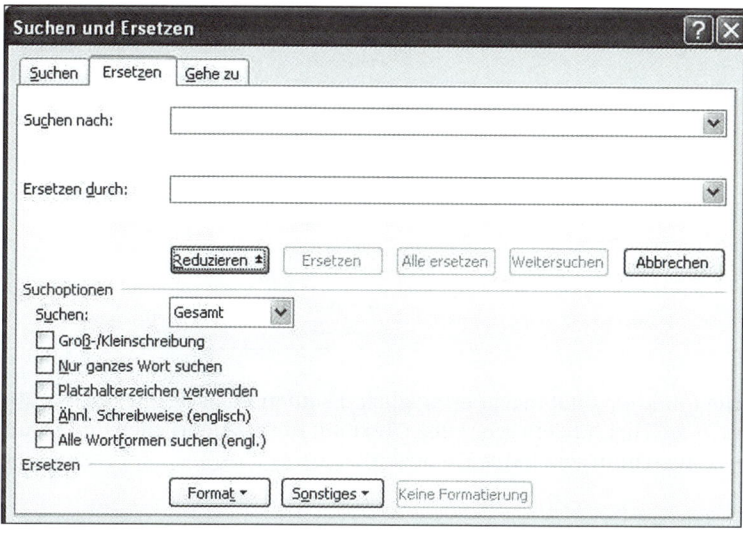

Für Fortgeschrittene gibt es die Möglichkeit »Suchen und Ersetzen von Substantiv- oder Adjektivformen sowie Zeitformen von Verben« durch anklicken des letzten Kontrollkästchens.

Ersetzen erweitert

Sehr nützlich ist das Ersetzen von Sonderzeichen und von Formatierungen, wie die nachfolgenden Bildschirmfotos zeigen. Sehr häufig tritt die Notwendigkeit ein, z. B. Absatzmarken im ganzen Text durch Zeilenumbrüche, Tabstoppzeichen durch Leerschritte, Leerschritte durch Tabstoppzeichen etc. zu ersetzen.

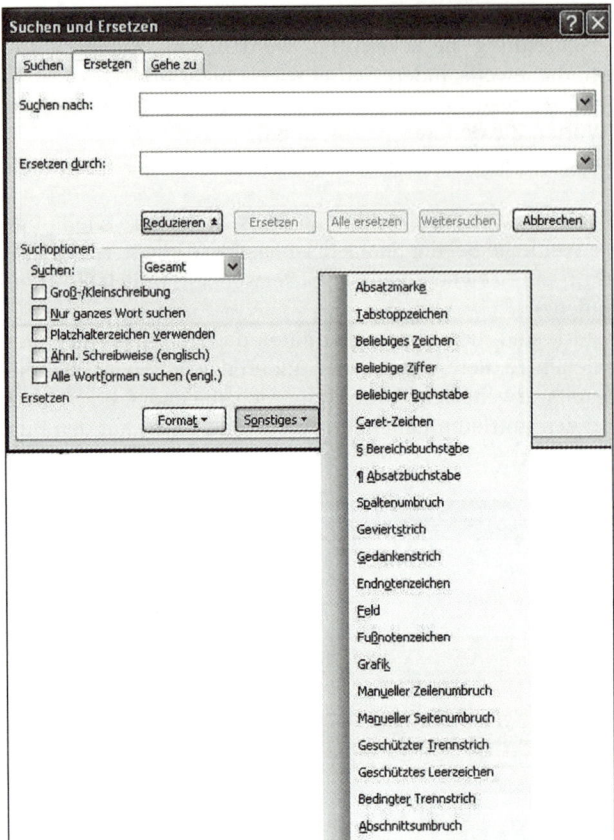

**Ersetzen
Sonstiges**

Beispiel Die Funktionalität macht es möglich. Es kommt häufig auf Ihre Kreativität an. Hier nun ein sehr langer Text mit Absatzumbrüchen und ¶ (nur ein Ausschnitt von fiktiv 379 Seiten):

Der Tag¶
ist¶
hell, die¶
Sonne¶
scheint.¶

Mit Suchen nach »¶« (Absatzmarke) – das wird als »^p« im Suchfeld angezeigt und Ersetzen durch » « (also Leerschritt) ergibt sich:

Der Tag ist hell, die Sonne scheint.

Das Ergebnis ist perfekt.

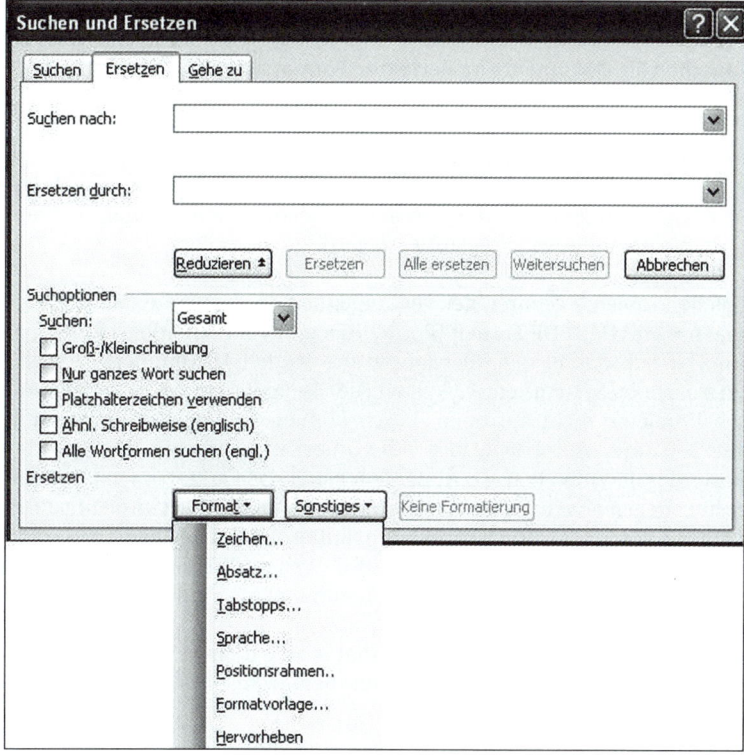

Ersetzen
Zeichenformate

Sehr hilfreich kann auch das auf diese Weise automatisierte Ersetzen von Zeichenformaten sein.

Literatur: Bildner, C.: Word XP – Basiswissen für Einsteiger
IR: Suchen Word --- Suchen Ersetzen Word --- Platzhalterzeichen --- Suchen Platzhalterzeichen

Das bringt
Sie weiter

4.10 | Arbeiten Sie mit PDF-Dateien

Nutzen   **Tauschen Sie Dokumente im perfekten Format aus.**

PDF-Format   Kennen Sie das: Sie erstellen ein Dokument in der Textverarbeitung und der Empfänger der Datei kann sie nicht optimal ausdrucken, weil plötzlich alle Formatierungen durcheinander sind. Oder noch schlimmer: Der Empfänger kann die Datei gar nicht öffnen, weil er/sie nicht über die dazu notwendige Software verfügt.

Solche Probleme gehören der Vergangenheit an, wenn Sie das PDF-Format nutzen. Das PDF-Format (Portable Document Format) ist ein Format für Dateien, das in den 90er-Jahren des letzten Jahrhunderts von der Firma Adobe Systems entwickelt wurde. Es stellt sicher, das die genannten Probleme nicht auftreten. Lesen können Sie das PDF-Format mit der Software »Acrobat Reader«, die unter http://www.adobe.com/de/ kostenlos downloadbar ist. Außerdem bietet das Format einen gewissen Schutz gegen eine unbeabsichtigte Veränderung Ihrer Dokumente. PDF-Writer werden wie Druckertreiber installiert und angesteuert.

Open Source PDF-Writer   Einen sehr bekannten Open-Source-PDF-Writer (PDF Creator) finden Sie unter http://www.pdfforge.org/. Er beinhaltet als Funktionalitäten:

Key Feature
- »Create PDFs from any program that is able to print
- Security: Encrypt PDFs and protect them from being opened, printed etc.
- Send generated files via E-Mail
- Create more than just PDFs: PNG, JPG, TIFF, BMP, PCX, PS, EPS
- AutoSave files to folders and filenames based on Tags like Username, Computername, Date, Time etc.
- Merge multiple files into one PDF
- Easy Install: Just say what you want and everything is installed
- Terminal Server: PDFCreator also runs on Terminal Servers without problems
- And the best: PDFCreator is free, even for commercial use! It is Open Source and released under the Terms of the GNU General Public License.«

(Quelle: http://www.pdfforge.org/products/pdfcreator; 14.11.2006).

Tipp: Übrigens: Aus OpenOffice können Sie Dateien direkt im PDF-Format speichern.

Das bringt Sie weiter   **Literatur:** Kriesinger, P.: PDF einsetzen mit Freeware
IR: PDFCreator --- »PDF erstellen«

4.11 | Nutzen Sie Kontextmenüs

Finden Sie umgehend die benötigte Software-Funktionalität.   Nutzen

Wie häufig kommt das vor: Sie suchen eine bestimmte Funktion in einer Software, aber finden Sie nicht. Sie wollen beispielsweise auf ein bestimmtes Wort einen Hyperlink setzen. Eine gute Hilfestellung bietet Ihnen hier ein Kontextmenü. Das ist ein zusätzliches Menü, das Ihnen zu einem bestimmten Kontext verschiedene Funktionen zur Auswahl anbietet, und zwar genau solche, die für das angeklickte Objekt im entsprechenden Kontext sinnvoll sind. Zeigen Sie einfach mit dem Mauszeiger auf die entsprechende Stelle (hier das Wort) und klicken Sie auf die rechte Maustaste, ein Kontextmenü erscheint mit dem Eintrag »Hyperlink«.

Ein Kontextmenü lässt sich auch mit der Tastenkombination »Shift F10« öffnen. Übrigens: Das Kontextmenü öffnet sich immer in der Nähe des Mauszeigers, sodass Sie schnellstens die gewünschte Funktion ausführen können, indem Sie darauf klicken.

Kontextmenü

Testen Sie selber die zahlreichen Möglichkeiten des Kontextmenüs, das in fast allen Programmen (insbesondere Windows-Programmen) funktioniert. Nutzen Sie die Möglichkeiten nicht nur in den Office-Paketen, sondern auch z.B. im Microsoft-Explorer, auf dem Desktop insgesamt, auf Desktop-Symbolen, in den Menüs der Programme (Maus auf die Menüleiste richten und rechts anklicken), im Browser etc.

Literatur: Backer, R.: Menü-Funktionen von Microsoft
IR: define:Kontextmenü

Das bringt
Sie weiter

4.12 | ZIP(pen) Sie, wo immer es geht

Nutzen   **Versenden und speichern Sie kleinere Datenvolumina.**

Daten-
komprimierung   Nutzen Sie die Möglichkeiten, Daten komprimiert abzuspeichern/zu archivieren, per E-Mail zu übertragen, mittels Datenträger weiterzugeben etc. Hier spricht man häufig von »zip«, wobei das Wort aus dem englischen kommt und »Reißverschluss« bedeutet. Dabei handelt es sich aber nur um ein Dateiformat zur Komprimierung, allerdings ein sehr verbreitetes. Ziel des »Zippens« ist es, eine Dateigröße zu erhalten, die deutlich unter der Größe der Originaldatei liegt. Solche Dateien sind erheblich leichter zu speichern und verbrauchen auch erheblich weniger Speicherplatz. Eine Liste der Formate und Programme finden Sie unter   http://de.wikipedia.org/wiki/Liste_der_Datenkompressionsprogramme.

Archive   In diesem Zusammenhang hat sich der Begriff der »Archive« eingebürgert. Archive sind Dateien, die ihrerseits Dateien in komprimierter Form enthalten. Umgangssprachlich haben sich hier schon bestimmte Redewendungen eingestellt. Die Rede ist von einem Packprogramm mit dem »gepackt« und »entpackt« wird. Häufig werden auch einfach nur die Begriffe »zippen«, »verzippen« und »entzippen« benutzt.

Wenn Sie ein Datenkomprimierungsprogramm installiert haben, so erscheint ein entsprechender Eintrag im Kontextmenü, sobald Sie mit dem Mauszeiger auf eine Datei im Windows-Explorer oder an anderer Stelle zeigen und die rechte Maustaste klicken, »Senden an« auswählen und »ZIP-Komprimierter Ordner«.

Dateitypen   Sie werden feststellen, dass sich nicht alle Dateitypen gleich gut komprimieren lassen. Multimediadateien liegen oft schon in einem sehr stark komprimierten Format vor wie z. B. GIF-Dateien, JPG-Dateien, MP3-Dateien und MPG-Dateien (Filme). Andere lassen sich bestens verkleinern, etwa bmp-Dateien. Gehen Sie von einem mittleren Wert von 40 bis 50 Prozent aus. Fazit: Text-Dateien, Präsentationen mit wenigen Bildern, Tabellen lassen sich tendenziell gut verkleinern, Bilder, Musik, Filme, Programme eher schlecht. Übrigens: Häufig erhalten Sie z. B. bei Präsentations- oder Textverarbeitungdateien bereits eine gute Verkleinerung des notwendigen Speicherplatzes/Versandvolumens, wenn Sie die Datei im PDF-Format drucken.

Das bringt
Sie weiter   **Literatur:** Immler, C.: Windows XP Professional
IR: define:zip --- zip --- Datenkomprimierung

4.13 | Nutzen Sie Tastaturkombinationen und Funktionstasten konsequent

Arbeiten Sie schneller in der Textverarbeitung und anderer Software.   Nutzen

Am Anfang war es die F4-Taste, die ich in Word genutzt habe. Ich hatte einen langen Text zu formatieren und wollte einige Hervorhebungen mit »Fettdruck« markieren. Also habe ich das erste Wort formatiert (»fett«). Dann bin ich auf das nächste Wort gegangen und konnte den Befehl »fett« mit der F4-Taste wiederholen. Das ging im gesamten Dokument so viel einfacher von der Hand. Eine sehr nützliche Sache: Mittels Tastaturkombinationen und Funktionstasten können Sie Befehle schneller aufrufen. Das geht erheblich schneller, als einen Befehl über einen Menüpunkt anzuwählen.

Befehlsname	Tastenkürzel
Wiederholen	F4
Hilfe	F1

Kurzbefehle 1

Auch die Hilfefunktion F1 war mir bekannt und wurde häufiger von mir genutzt. Aber dann habe ich mich noch mehr für Tastaturkürzel und Funktionstasten interessiert, um meine Arbeit effizienter zu gestalten.

- Unter dem Begriff Tastaturkombinationen/Tastaturkürzel (Shortcut) versteht man das gleichzeitige oder aufeinander folgende Drücken mehrerer Tasten in einer bestimmten Reihenfolge, um bestimmte Steuerbefehle wie etwa »Kopieren« auszulösen.
- Als Funktionstasten werden die Tasten in der oberen Reihe der Computertastatur bezeichnet, also die Tasten F1 bis F 12.

Bei mir ging es mit den klassischen Befehlen zum Copy&Paste weiter (Ausschneiden/Einfügen).

Befehlsname	Tastenkürzel
Alles markieren	Strg + A
Kopieren	Strg + C
Einfügen	Strg + V
Ausschneiden	Strg + X

Kurzbefehle 2

Es gibt keine verbindlichen Vorgaben für Steuerbefehle, aber nach einer Vorgabe von Apple halten sich die meisten Hersteller von Software an bestimmte Übereinstimmungen, wie Sie hier beispielsweise zusammengestellt sind. Nutzen Sie die Möglichkeiten und lernen Sie schrittweise Steuerbefehl für Steuerbefehl. Im Folgenden sind weitere wichtige Steuerbefehle für die Textverarbeitung in Word angegeben.

Befehlsname	Tastenkürzel
Gehe zu	F5
Überprüfung	F7
Speichern unter	F12
Rückgängig	Alt + RÜCK
Suchen wiederholen	Alt + Strg + Y
Verknüpfung lösen	Strg + 6
Suchen	Strg + F
Öffnen	Strg + F12
Gehe zu	Strg + G
Ersetzen	Strg + H
Hyperlink	Strg + K
Absatz links	Strg + L
Öffnen	Strg + O
Drucken	Strg + P
Speichern	Strg + S
Dokument schließen	Strg + W
Wiederholen	Strg +Y
Rückgängig	Strg + Z

Kurzbefehle 3

Für Formatierungen sind u.a. bedeutend:

Befehlsname	Tastenkürzel
Fett	Strg + Umschalt + F
Kursiv	Strg + Umschalt + K
Unterstrichen	Strg + Umschalt + U
Großbuchstaben	Strg + Umschalt + G
Tiefgestellt	Strg + #
Hochgestellt	Strg + +
Schriftgrad Auswahl	Strg + Umschalt + P
Schrift verkleinern	Strg + <
Schrift verkleinern ein Punkt	Strg + 8
Schrift vergrößern ein Punkt	Strg + 9
Zeichen	Strg + D
Absatz zentriert	Strg + E
Zeilenabstand 1-zeilig	Strg + 1
Zeilenabstand 2-zeilig	Strg + 2
Zeilenabstand 1,5-zeilig	Strg + 5

Kurzbefehle 4

Das bringt Sie weiter **Literatur:** Becker, A. u.a.: Tastaturschulung (siehe auch den Anhang in diesem Buch)
IR: Shortcuts --- Funktionstasten ---

4.14 | Tastaturkürzel in Microsoft Word und Open Office

Die im Anhang aufgenommene(n) Tastaturkürzel bzw. Tastenbelegung gelten auf einem IBM-kompatiblen PC und entsprechen den häufig vorzufindenden Installationen. Dennoch kann es sein, dass auf Ihrem PC andere Tastaturkürzel/Tastenbelegungen eingestellt sind.

5 Nutzen Sie E-Learning erfolgreich

Sind Angebote des E-Learning Wunderwaffen oder, wie viele Spötter gerne verlautbaren, angebliche Vorzüge reines Wunschdenken? Beides trifft gemäß den im Rahmen von zahlreichen Lehrtätigkeiten im E-Learning gemachten Erfahrungen des Autors nicht zu. Angebote des E-Learning können vielmehr erfolgreich sein, wenn mit einer angemessenen Portion Pragmatismus an Konzeption und Umsetzung herangegangen wird und wesentliche Faktoren beachtet werden.

Klaus Höhnerbach rechnet mit ALLEM!

oder: Klaus Höhnerbach wird maître de service de la comptabilité et de cuisine
(service de la comptabilité = Buchführung (franz.))

Klicken Sie hier, um die Lerneinheit 1 zu **starten**
Klicken Sie hier, um die Lerneinheit 2 zu **starten**
Hier gelangen Sie zur Höhnerbach-Story
Zurück zur Startseite

Startseite Studienmodul »Rechnungs- wesen«

© Höhnerbach Bilder. Dipl.-Theol Dipl.-Kaufm. Peter Plaumann

Eine Einführung in das Rechnungswesen von
© Prof. Dr. Werner Heister und © Dr. Michael Heister

5.1 | Das ist und das bringt E-Learning

Verschaffen Sie sich einen Überblick über das, was E-Learning ist und erfahren Sie, welchen Nutzen E-Learning bringt.

Nutzen

Unter E-Learning (= englisch für »elektronisches Lernen«) versteht man das Lernen, das elektronisch unterstützt wird bzw. genauer das Lernen, das mit Informations- und Kommunikationstechnologien unterstützt wird. Damit ist natürlich nicht etwa der Einsatz eines Overhead-Projektors gemeint, sondern vorwiegend der Einsatz von PC, CD-ROMs/DVDs und des Internets beim Lehren und Lernen.

Definition

Wesentliche Grundlagen des E-Learnings bilden die nachfolgend kurz erläuterten Elemente.

(1) Synchrone/asynchrone Informations- und Kommunikationsmedien:
Bei der asynchronen Kommunikation entsteht die Kommunikation zeitversetzt und ohne Blockieren des Prozesses durch z.B. Warten auf die Antwort des Empfängers. Ein Blockieren des Prozesses und warten auf die Antwort des Empfängers ist bei der synchronen Kommunikation der Fall. Beim Senden oder beim Empfangen von Daten synchronisieren die Kommunikationspartner, warten also (bzw. sind blockiert), bis die Kommunikation abgeschlossen ist.

Asynchrone Medien sind z.B.:

Asynchrone Medien

- E-Mailsysteme = Anwendungen, mit denen die Teilnehmer elektronische Post (Mails, ggf. mit Dateianhang) empfangen und zusenden können.
- Newsgroups = Foren, die dem Austausch von Informationen, Nachrichten, Neuigkeiten etc. zu bestimmten Themen dienen. Ein Teilnehmer an einer Newsgroup veröffentlicht eine Information/einen Artikel in einer Newsgroup, indem sie diesen an einen Newsserver sendet. Der Newsserver stellt den Beitrag seinen Benutzern zur Verfügung bzw. leitet diesen an andere Server weiter, die den Beitrag ihren Benutzern zur Verfügung stellen.
- Diskussionsforen werden häufig als Alternative zu Newsgroups auf bestimmten Websites genutzt. In Diskussionsforen können Diskussionsbeiträge (Postings) abgelegt werden, die von anderen Interessierten gelesen und beantwortet werden können. Beiträge zum selben Thema werden häufig als Thread (Faden) oder Topic (Thema) bezeichnet. Diskussionsforen werden zu einem bestimmten (Ober-)Thema betrieben und können zugangsbeschränkt sein, d.h. interessierte Teilnehmer müssen sich bei der Administration des Forums anmelden, um an den Diskussionen teilnehmen zu können. Häufig gibt es auch eine Unterteilung in Unterthemen und Unterforen. Es besteht zusätzlich die Möglichkeit, sich per E-Mail benachrichtigen zu lassen, wenn Beiträge gepostet (geschrieben, veröffentlicht) wurden.

- Online-Datenbanken = Datenbanken zu bestimmten Themen, die frei oder gegen Gebühr/nach Anmeldung den Nutzer zugänglich sind. Eine der bekanntesten Datenbanken ist inzwischen die Open-Source-Enzyklopädie Wikipedia – vgl. www.wikipedia.de.
- News Services = Internetdienste, die aktuelle Nachrichten zur Verfügung stellen.
- Groupware, z. B. BSCW (Basic Support for Cooperative Work) = Tools, die das kollaborative Lernen unterstützen.

Synchrone Medien   Synchrone Medien sind z. B.:

- Chat = Internet-Relay-Chat = Programm, welches eine schriftliche Kommunikation in Echtzeit mit einem oder beliebig vielen Kommunikationspartnern in sogenannten Chaträumen ermöglicht.
- Instant Messenger (= eine Mischung aus E-Mail und Chat. Mittels eines Instant Messengers (z. B. MSN) kann man feststellen, ob ein benannter Personenkreis, der ebenfalls dieses Programm nutzt, gerade online ist, um sich mit ihnen in Echtzeit zu unterhalten, Informationen zu hinterlassen und/oder Dateien auszutauschen.
- Video-/Audiokonferenzensysteme, Virtual Classrooms = im Kontext des E-Learning stellen Video-/Audiokonferenzsysteme virtuelle Hörsäle dar, in denen Lernende und Lehrende, obwohl sie ggf. räumlich – bisweilen weit – verteilt sind, miteinander kommunizieren können.
- Whiteboards = elektronische Tafel, die auf dem Arbeitsplatz jedes Teilnehmers erscheint und es erlaubt, Texte, Bilder, Animationen etc. den anderen TeilnehmerInnen zur Verfügung zu stellen.
- Application Sharing = eine Anwendung wie z. B. Excel wird auf dem PC einer TeilnehmerIn gestartet und allen TeilnehmerInnen zum kooperativen Bearbeiten zur Verfügung gestellt.

(2) Entwicklungstools

Autorentools/Autorensysteme sind Werkzeuge, um digitale Studienmaterialien zu erstellen. Sie sollen dazu beitragen, mit möglichst einfachen Mitteln Lernmaterialien zu erstellen, ohne dass die Ersteller spezifische »Programmierkenntnisse« wie XML, HTML etc. erwerben müssen. Autorensysteme bieten in der Regel u.a. folgende Tools:

- Tools für die Erstellung von Medien (Bilder, Animationen, Simulationen, Übungen),
- Tools für die Erstellung von Wissensinhalten,
- Tools für die Erstellung der Navigation.

Beispiele für Autorensysteme sind easyProf, hotpotatoe oder Flash von Macromedia.

(3) Learning-Management-System, Lernplattform, Lernumgebung

Learning-Management-Systeme (LMS) sind Systeme, die die gesamten E-Learning-Prozesse unterstützen. Sie bieten zweckmäßige Tools von der Zusammenstellung einzelner Wissensbausteine/Kurseinheiten, über die Unterstützung einzelner Veranstaltungen mit Downloadbereichen, Diskussionsforen etc. bis hin zur Abwicklung von Kursgebühren, Zertifizierungen und Erfolgskontrollen. Siehe hierzu weiter unten.

(4) Wissensinhalte, Wissensbausteine, Kurse/Lernmodule CBT und WBT

Die Wissensinhalte (Content) werden in Wissensbausteinen, Lernmodulen, Kursen angeboten. Im Wesentlichen unterscheidet man hierbei:

- CBT (= Computer-Based-Training).
- WBT (= Web-Based-Training).

Unter CBT versteht man Lernprogramme, die multimedial aufbereitete Lerninhalte in digitaler Form in der Regel auf einer CD/DVD bereitstellen. Diese können von den Lernenden unabhängig von Zeit und Ort genutzt werden. Eine direkte Unterstützung durch einen Trainer ist nicht vorgesehen. WBTs sind Weiterentwicklungen der CBTs. WBTs sind webbasiert. Die Lernmaterialien werden nicht über einen Datenträger (CD/DVD) zur Verfügung gestellt, sondern über das Netz. Dadurch ergeben sich wesentlich erweiterte Möglichkeiten der Kommunikation/ Interaktion mit Lehrenden, Tutoren etc. Siehe auch weiter unten.

Die Nutzung/Kombination u.a. der zuvor genannten Methoden führt zu im E-Learning typischen Veranstaltungsformen:
> Veranstaltungs-
> formen
> des E-Learnings

- Online-Lectures = Sammelbegriff für Online-Aktivitäten im Rahmen des E-Learnings, bei denen ein Dozent Informationen an mehrere Lernende übermittelt.
- Online-Symposium = Aktivitäten, bei denen mehrere Lehrende Informationen im Rahmen einer Veranstaltung an mehrere Lernende übermitteln.
- Online-Praktikum/Online-Coaching = Veranstaltung, bei dem eine lehrende Personen eine lernende Person unterstützt. Die Veranstaltungsform ist häufig in naturwissenschaftlichen Fächern anzutreffen.
- Frequently Asked Questions (FAQ) = Beantwortung häufig gestellter, wiederkehrender Fragen.
- E-Tutorials = Veranstaltungen, bei denen die Teilnehmer beispielsweise durch bestimmte Internet-Sites geführt werden.
- E-Assignments = elektronisch unterstützte Prüfungen, Quiz etc.
- E-Discussions = Diskussion eines bestimmten Themas in Diskussionsforen.

Die Methoden/Veranstaltungsformen können auch in geeigneter Weise kombiniert werden.

Die entscheidende Frage lautet: Gibt es durch den geeigneten Einsatz von E-Learning einen Mehrwert? Ein wissenschaftlich fundiertes, absolutes »Ja« oder »Nein« als Antwort auf diese Frage gibt es nicht. Meine Antwort, resultierend aus meiner Erfahrung: Ja. E-Learning stellt insbesondere eine wertvolle Ergänzung zu Präsenzveranstaltungen etc. dar und eignet sich – nicht immer, aber häufig – auch als eigenständiger Weg zur Aneignung von Wissensinhalten. E-Learning unterstützt oftmals gehirngerechtes Lernen und Lehren.

Vorteile Die Vorteile liegen z. B. in (alphabetisch sortiert):
- Chancen, Lernen interaktiv zu gestalten,
- Freiheit vom Ort,
- Mitteln, Audio und Video einbinden zu können,
- Möglichkeiten, Lerninhalte, -methoden etc. individueller zusammenstellen und bearbeiten zu können,
- Nutzung der Standard-PC-Funktionen wie z. B. »Suche«, »Kopiere«, »Drucke«,
- Unabhängigkeit von der persönlichen Präsenz des Lernenden in einer bestimmten Veranstaltung,
- Unabhängigkeit von Zeit,
- Unterstützung des kollaborativen, gemeinsamen Lernens.

Ein ganz entscheidender Vorteil liegt meines Erachtens darin, dass mittels geeignetem E-Learning die Wissensinhalte gut elaboriert werden können und damit leichter gelernt und nachhaltiger behalten werden.

Nachteile Aber auch potenzielle Nachteile sollten nicht übersehen werden. Die liegen insbesondere in Unzulänglichkeiten von Didaktik, Betreuung und Technik:
- Nur wenige Lernmaterialien sind tatsächlich didaktisch gut auf E-Learning abgestimmt.
- Nur wenige Lehrende sind mit den Besonderheiten der Didaktik im E-Learning vertraut.
- Technische »Hürden« machen E-Learning schwieriger.
- Nicht jeder mag diese Form des Lernens.

Wichtigste Grundlage, wie immer, wenn es um Lernen geht: Die Lernenden müssen motiviert sein! Wesentlich ist auch die Art und Weise, wie E-Learning seitens der Lehrenden betrieben und durchgeführt wird. Erfolgreicher Einsatz von E-Learning ist nicht so sehr eine Frage des »Ob?«, sondern des »Wie?«, »Wann?« ... und insbesondere eine des durchdachten didaktischen Einsatzes und einer geeigneten Förderung des Lernklimas für das E-Learning!

Aktivitäten im Rahmen des E-Learnings wird immer wieder vorgewor-
fen, dass sie soziale Aspekte stark vernachlässigen. Dies ist sicherlich
manchmal auch wirklich zutreffend. Soziale Aspekte können jedoch
auch systematisch z.B. durch die Lernplattform unterstützt werden.
Zweckmäßig ist beispielsweise die Gründung und Forcierung einer
Learning-Community.

Learning
Community

Eine Learning-Community »is a group of people sharing expertise,
skills, knowledge, ideas, labor and experiences to reach an academic or
work related goal." (angelehnt an M.L.V. Crouch http://classweb.gmu.
edu /mcrouch/Learning/sld010.htm; 18.9.2002)

Literatur: Mair, D.: E-Learning – das Drehbuch
IR: http://welearn.fim.uni-linz.ac.at/
    http://www.weiterbildungsblog.de/
    http://elearningeuropa.info/
    http://elearningcenter.univie.ac.at/
    http://www.open-academy.com
    http://elearning.zhwin.ch/
    http://www.studieren-im-netz.de/
    http://www.free-learning.at/
    http://www.userlearn.ch
    http://www.bildungsserver.de/zeigen.html?seite=1560
    http://www.fernuni-hagen.de/ZFE/

Das bringt
Sie weiter

5.2 | Blended Learning ist nicht gefährlich

Nutzen

Blended Learning – die ideale Kombination von E-Learning und Präsenzveranstaltungen. Deshalb: Nutzen Sie E-Learning insbesondere präsenzbegleitend!

Ein weithin anerkannter Weg im E-Learning besteht in dem Präsenzveranstaltungen begleitenden Einsatz von Multimedia, also in der Form hybrider Lernarrangements/Blended Learning (»Integriertes Lernen«). Dies meint einen Methodenmix aus Präsenzschulungen und elektronischem Lernen. Angesprochen ist somit ein vermischtes Lernen, viele kennen den Begriff »blended« ja von Tabak, Wein und Whisky. Blended kommt aus dem Englischen und meint »verschneiden«. Ziel des Blended Learning ist es, die Vorteile des Präsenzunterrichts mit denen des elektronisch unterstützten Lernens didaktisch sinnvoll zu verbinden und Nachteile bei isolierter Nutzung zu vermeiden. Dies funktioniert insbesondere dann, wenn die einzelnen Teile gut ineinander integriert sind. Beide Aspekte müssen in einem einheitlichen Curriculum miteinander verbunden werden, um den höchst möglichen Lehrerfolg zu erlangen.

Beispiel

Zusätzlich zu meinen Präsenzveranstaltungen zu »Technik der Buchführung« setze ich ein CBT ein, mit dem die Studierenden Buchungssätze üben können. Insofern ist die Nachbereitung der Präsenzveranstaltung effektiver und effizienter möglich, als wenn ich nur eine klassische Präsenzveranstaltung abhalte. Häufig werden auch kooperative Lernformen eingesetzt, die durch den Computer und das Internet unterstützt werden.

E-Learning-Module gibt es inzwischen in unterschiedlichen Verlagen und im Internet für zum Teil »kleines« Geld. Nutzen Sie die daraus resultierenden Möglichkeiten insbesondere dann, wenn Sie etwas einüben oder nachschlagen müssen bzw. Informationen über Audio/Video aufnehmen können. Ein E-Learning-Modul unterscheidet sich vielfach von einem Lehrbuch in Papierform. Es beinhaltet häufig zahlreiche Tools und Instrumente, die aber nur nützlich sein können, wenn man sie kennt und beherrscht. Viele E-Learning-Module benötigen einen Browser, damit die einzelnen Wissensinhalte, Aufgaben etc. angezeigt werden können. Besonders wichtig ist es, dass auch innerhalb der E-Learning-Module dem Spaß am Lernen ein besonderer Raum eingeräumt wird. Aspekte gehirngerechten Lehrens sind zu beachten.

Das bringt Sie weiter

Literatur: Geldermann, B. u.a.: Blended Learning
IR: http://www.oncampus.de

5.3 | Nutzen Sie Multimedia

Durch viele bunte Bilder und Töne wird das Lernen nicht überflüssig, aber möglicherweise einfacher.

Nutzen

Multimedia – ein moderner Begriff, der erst einmal entschlüsselt werden muss:

Definition

- Multimedia hat viel mit Computern zu tun und
- mit Interaktivität, also der Möglichkeit des Nutzers, die Präsentation der Medien durch Eingaben zu unterbrechen/zu steuern und
- mit Integration, nämlich der Integration von Bildern, Daten und Tönen, also der Integration von Medien wie Text, Bild, Grafik, Audio, Video und Animationen und
- das in digitaler, nicht in analoger Form und
- häufig in der Form des Multitasking (= gleichzeitige Ausführung mehrerer Prozesse, also zeitlich parallel) und bezogen auf die Medienpräsentation parallel, also die Ausgabe und Eingabe von Daten über verschiedene Endgeräte wie z. B. Tastatur, Maus, Mikrofon.

Für manche Zeitgenossen bedeutet »Multimedia in der Lehre« viele bunte Bilder und eine Aneinanderreihung von Text, Sprache, Animationen, Simulationen, Transaktionen. »Wenn nur ein tolles Lernmodul eingesetzt wird (zumeist aus HTML-Seiten gemischt mit programmierten Übungen und erstellten Animationen), dann wird sich der Erfolg schon von selbst einstellen«, meinen sie.

Multimedia in der Lehre

Doch die Erfahrung ist ernüchternd: Welcher tagsüber gestresste Student möchte sich abends vor den Bildschirm des PCs setzen, um Seite für Seite Texte/bunte Bilder durchzuarbeiten und mutterseelenallein zu lernen? Kein Wunder, dass der Misserfolg vorprogrammiert ist. Multimedia im Sinne der Methoden- und Bildervielfalt erschafft keinen Mehrwert im eigentlichen Sinne. Manchmal – keinesfalls immer – eignet sich Multimedia zur Steigerung des Lernerfolges. Von Bedeutung sind offenbar die Konfiguration und der Kontext, in denen die Medien verwendet werden.

Die aus der Lernforschung abgeleiteten Ergebnisse lassen jedoch tendenziell den Schluss zu, dass die mehrkanalige Aufnahme von Informationen die Behaltensleistung zu steigern vermag. So kann die richtige Anordnung und Selektion entsprechender Einheiten für die Lernleistung einen positiven Effekt ausüben.

Mehrkanalige Informations-aufnahme

Ein weiteres wichtiges Kriterium ist die motivationsfördernde Komponente in mehrkanaligen Lernarrangements. Der Lernende erfährt durch diese Anreize eine wichtige intrinsische Motivation, die den Prozess fördern kann. Potenzielle Vorteile multimedialer Darstellung werden im Folgenden am Beispiel der Lernmodule »Grundlagen der Unternehmensführung« dargestellt, die vom Verfasser mitentwickelt wurden und als E-Learning-Module im Rahmen der virtuellen Gemeinschaft eingesetzt werden.

Motivation

- Animationen werden beispielsweise zur Einführung in neue Stoffinhalte verwendet. Durch diese Darstellungsform kann sich der Lernende auf motivierende Weise mit Grundaussagen beschäftigen und eine erste Einführung erhalten.

- Optisch ansprechend visualisierte Inhalte werden mittels »Pop-up« (aufklappbare Zusatzinformationen) vertieft und veranschaulicht. Abstrakte Inhalte werden in einzelne Elemente aufgelöst und innerhalb unterschiedlicher Multimediaboxen dargestellt, komplexe Zusammenhänge sind dadurch einfacher verfügbar.

- Die Lernziele werden aufgabenorientiert formuliert und im Text dargestellt.

- Ein Einstufungstest (Check) ermöglicht es den Lernenden, ihren eigenen Wissensstand einzuschätzen. Aufgrund dieser Einschätzung können sie dann grob ermitteln, wie intensiv und mit welchem Aufwand sie das Studienmodul durcharbeiten müssen. Weiterhin erhalten sie durch den Check einen ersten Eindruck von den Inhalten.

- Zur Vermittlung der Methodenkompetenz dienen die Methodensteckbriefe. Sie enthalten wiederkehrend ähnliche Elemente, die zur Anwendung der Methoden notwendig sind, wie Definition, Herleitung der Formel, Beispiel und unterstützende Elemente, wie z. B. Excel-Tabellen.

- Die Herleitung der Formeln, die innerhalb der Methodensteckbriefe über Links ausgewählt werden können, werden mittels Animationen z. B. »Flying Text« und Sprache schrittweise entwickelt.

- Wesentliche Elemente im Rahmen des selbst gesteuerten Lernens sind interaktive Multimediaboxen. Hier liegt das eigentliche Salz in der Suppe. Die Lernenden können mittels eines »Mischpultes Kapitalwertmethode« z. B. die Auswirkungen von Veränderungen in Zins und zeitlichem Anfall (bzw. der entsprechenden Höhe) von Ein- und Auszahlungen »erleben«.

- Jede Methode ist immer auch durch eine kleine »Episode« der problemorientierten Fallstudie erläutert. Den Lernenden wird somit die Einordnung der Theorie in die betrieblichen Aufgaben wesentlich erleichtert.

- Zusätzlich werden Tools (z. B. Excel-Tabellenblatt zur Berechnung des internen Zinsfußes, ein Word-Dokument als Gliederung einer Machbarkeitsstudie) angeboten. Diese unterstützen in besonderer Weise das aufgabenorientierte Lernen und den Einsatz der Erkenntnisse in der Praxis.

- Links ins Internet unterstützen den Gedanken des weltweit vernetzten Lernens.

- In jeder Lerneinheit gibt es ein »Schmankerl« für die Studierenden, aber auch ein zusätzliches Schmankerl für die Vermarktung (z. B. Kochrezepte).

- Die gesamte Theorie wird den Lernenden in Theorie-Skripten dargeboten. Die Theorie-Skripte können in der Form von PDF-Dokumenten am Bildschirm eingesehen werden, sie können aber auch ausge-

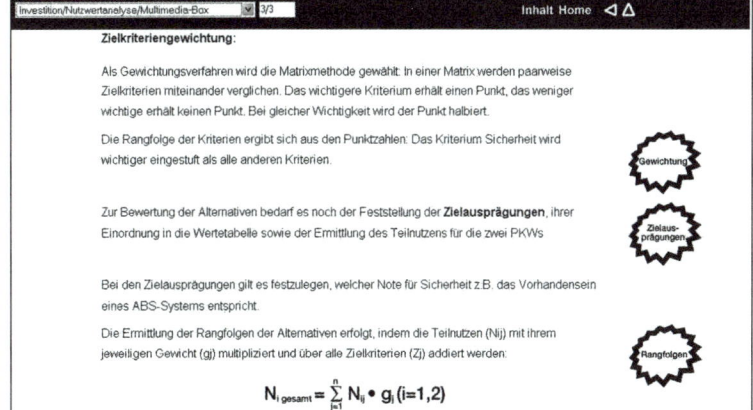

**Modul des
Verfassers zur BWL**

druckt werden. Zwischen PDF-Dokumenten und Multimediaboxen bzw. Aufgaben und Internet-Verweisen bestehen Verlinkungen.

■ Übungen dienen dazu, das in der Multimedia-Box oder im Theorie-Skript theoretisch erworbene Wissen anhand von Praxisbeispielen anzuwenden. Besonderer Wert wird dabei darauf gelegt, den Problemlösungsprozess möglichst realitätsnah zu gestalten.

Meine Erfahrung: Multimedia erleichtert die Aufnahme von Informationen und vereinfacht das Lernen teils erheblich! Multimedia unterstützt das gehirngerechte Lehren und Lernen.

Literatur: Niegemann, H. M. u.a.: Kompendium Multimediales Lernen
IR: http://www.medien-bildung.net/--- http://www.oncampus.de

**Das bringt
Sie weiter**

5.4 | Lernmanagement mit System

Nutzen **Erkennen Sie die Funktionalitäten, Vorzüge und den Nutzen von Lernplattformen!**

Funktionen Eine professionelle Lernplattform (Lernmanagementsystem–LMS) zeichnet sich dadurch aus, dass sie mit den enthaltenen Funktionalitäten die Lernprozesse, Informationsprozesse, Wissensprozesse und ggf. auch Verwaltungsprozesse unterstützen kann. Sie unterstützt insbesondere folgende Aufgaben:

- Verwaltung von Lernenden, Dozenten, Tutoren, Administratoren, Autoren,
- Verwaltung der Lernmodule, Wissensbausteine, Inhalte,
- Verwaltung der Zugriffe,
- Steuerung der Lernprozesse,
- Steuerung der Verwaltungsprozesse,
- Produktion und Publikation des Content.

Elemente Professionelle Lernmanagementsysteme enthalten:

- Werkzeuge um Inhalte, didaktische Übungen, Tests, Animationen neu zu erstellen,
- Werkzeuge, um Inhalte einzustellen, zu bearbeiten, zu aktualisieren,
- Werkzeuge für unterschiedliche Formen der Kommunikation und Kooperation,
- Werkzeuge für handlungs- und projektorientierte Szenarien.
- Leistungsfähige Suchwerkzeuge und andere Tools,
- Werkzeuge zur Administration der Teilnehmer und zur Abwicklung der Anmeldeprozesse, Bezahlprozesse etc.

Typische Elemente sind:

- Announcements = Bekanntmachungen, Möglichkeit, Informationen zu hinterlegen, z.B. organisatorische Hinweise, Hinweise auf (neu) eingestellte Materialien, Texte etc.
- Course Documents/Mediacenter = Kursdokumente – Virtueller Ort, an dem die Kursmodule, Lernmodule, Wissensbausteine, PDF-Dokumente, Word-Dateien, PowerPoint-Präsentationen, Excel-Übersichten etc. zur Verfügung gestellt werden.
- Forum/Discussion Board/Course Room = Diskussionsforen – Virtueller Ort, an dem Diskussion von Fragestellungen zu Aufgaben, Fallstudien, Problemen, zum Studium insgesamt möglich ist etc.
- Project = Funktionalitäten um Projekte zu unterstützen.
- To-do's/Exercises = Aufgaben, die seitens der Studierenden zu bearbeiten sind.
- Control Panel = Administrationsbereich – Bereich für Administratoren zur Verwaltung, Wartung, Betreuung der gesamten Lernplattform, der Foren etc.

- Scheduler = Zeitplan – enthält die für das virtuelle Lernen relevanten Termine und die ggf. notwendigen Maßnahmen.
- Course Informations = Informationen zum Kurs, Studienmodul etc.
- Literature = Kursliteraturlisten.
- Staff Informations = Informationen zu den Dozenten, Tutoren, deren Ausbildung, Werdegang, Kompetenzen bis hin zu persönlichen Angaben wie Hobbys.
- Group Pages = Seiten für die Kollaboration/Gruppenarbeit.
- Personal Pages = Informationen zu den TeilnehmerInnen, deren Ausbildung, Werdegang, Kompetenzen bis hin zu persönlichen Angaben wie Hobbys.
- Help = Hilfefunktion.

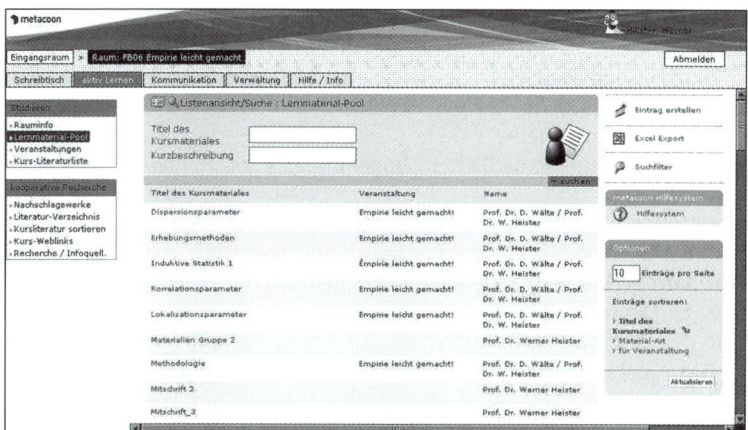

Lernplattform metacoon – Raum Empirie leicht gemacht

Literatur: Schulmeister, R.: Lernplattformen für das virtuelle Lernen
IR: http://www.campussource.de/
http://www.edutools.info/course/index.jsp --- http://www.metacoon.net/

Das bringt Sie weiter

5.5 | Der XML- und der SCORM-Standard

Nutzen **Erkennen Sie, welcher Stand der Technik im E-Learning aktuell ist.**

Nachfolgend finden Sie eine kurze Erläuterung von Standards, die im E-Learning (zukünftig) eine wesentliche Rolle spielen. Die Austauschbarkeit von E-Learning-Modulen auf unterschiedlichen Plattformen etc. wird durch den SCORM-Standard sichergestellt. SCORM bedeutet »Sharable Content Object Reference Model« und ist ein Standard für Lerneinheiten im E-Learning. Mit SCORM soll eine gemeinsame Basis für den Austausch von elektronischen Lerneinheiten geschaffen werden.

SCORM-
Komponenten
Das SCORM Standard Content Aggregation Model besteht aus mehreren Komponenten, die aufeinander aufbauen:

- Content Model: Lernerfahrung.
- Metadaten: Beschreibung der spezifischen Instanzen der Komponenten im Content Model.
- Content Packaging: Die gewünschte Lernreihenfolge (Content Structure) und aufgeteilte Pakete (Content Packaging). Die Pakete sind zwischen unterschiedlichen Umgebungen verschiebbar.

XML Die Austauschbarkeit von Dokumenten zwischen Programmen und die Nutzbarkeit von »Metainformationen« soll weiterhin durch den XML-Standard gewährleistet werden. XML meint: Extensible Markup Language, zu Deutsch »Erweiterbare Auszeichnungssprache«. XML definiert also den Aufbau von Dokumenten, die Daten enthalten.

Diese entsprechen zum Teil einer fest vorgegebenen Struktur, zum Teil auch nicht. XML wird aber in der Zukunft der Speicherung von Daten eine entscheidende Rolle spielen, dieser Sprache gehört nach Meinung von Microsoft und der Linux-Welt die Zukunft.

Sie müssen sich mit diesen Standards inhaltlich nicht näher beschäftigen. Wichtig ist nur, dass Sie deren Funktion kennen und sich ggf. Informationen darüber beschaffen können. Zur Beurteilung von E-Learning-Modulen etc. ist es von Bedeutung, ob sie diesen Standards entsprechen. Weitere Informationen erlangen Sie insbesondere aktuell im Internet.

Das bringt
Sie weiter
Literatur: Born, G.: XML
IR: http://www.adlnet.org --- www.scorm.com

5.6 | Nutzen Sie Content (Lerninhalte)

Finden Sie Lerninhalte, die im E-Learning genutzt werden können! Nutzen

Content bedeutet Inhalt und meint im E-Learning die Wissensinhalte, die Definition
vermittelt werden sollen und in der Form von Dokumenten, Modulen,
Bausteinen, Tools etc. zur Verfügung stehen. Content wird in sogenann-
ten Content-Katalogen bereitgestellt, z. B. http://www.educanext.org.
Diese unterstützen den Austausch von Content – von kompletten
E-Learning-Kursen über Animationen bis hin zu Rohmaterialien.

Häufig kommen auch Learning-Content-Management-Systeme zum
Einsatz. Die Aufgabe eines LCMS (Learning-Content-Management-Sys-
tem) ist das Erstellen, Wiederverwenden, Auffinden, Nachbearbeiten
und Ausliefern von Lerninhalten (Content). Gleiche Dokumente, Lern-
objekte etc. können so in unterschiedlichen Kursen genutzt, jedoch
zentral an einer Stelle verwaltet werden. Vorteil solcher Systeme ist es, Contentkriterien
dass einzelne Elemente stets nur an einer Stelle aktualisiert werden zur Personal-
müssen. beurteilung

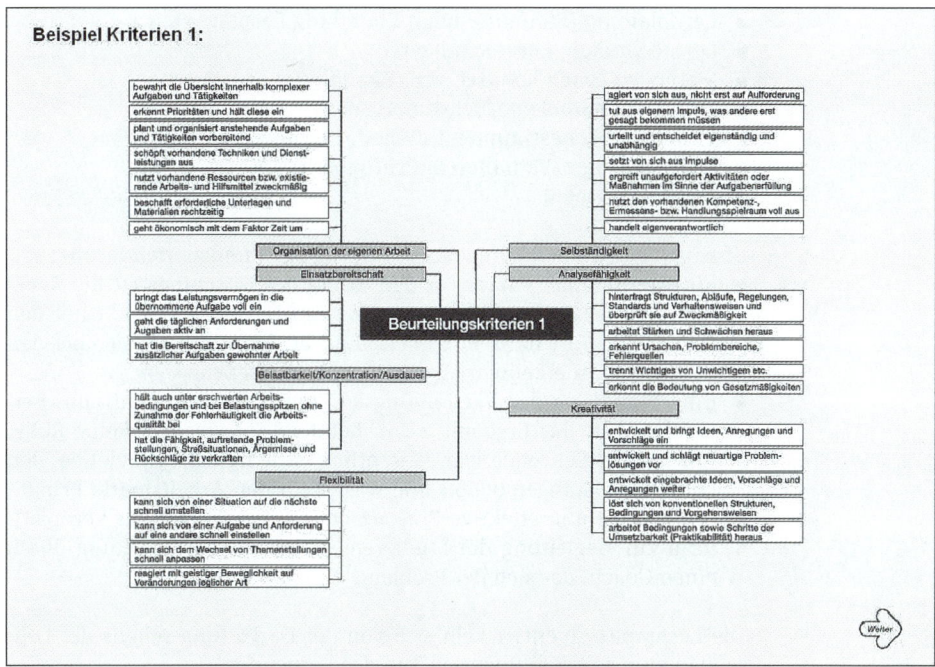

Literatur: Baumgartner, P. u.a.: Content Management Systeme in e-Education Das bringt
IR: http://www.educanext.org --- http://www.zebis.ch --- http://www.userlearn.ch Sie weiter

5.7 | Erwartungen an Lerncoaching

Nutzen **Suchen Sie sich bei E-Learning-Kursen etc. möglichst einen hervorragenden Coach!**

Definition Lerncoaching meint die individuelle Betreuung der Studierenden im E-Learning. Die Aufgaben des Coaches sind dabei: im Lernprozess begleiten, beraten, Lerninhalte zusammenstellen und auf den Lernenden individuell abstimmen, den Transfer in die berufliche Praxis begleiten und die Qualität sicherstellen, sowohl im Hinblick auf die Fehlerfreiheit der Materialien als auch auf den Lernerfolg in Bezug auf das Lernziel.

Beachten Sie: Die Rolle der Lehrenden hat sich hin zum kundenorientierten Wissenscoaching verändert. In dieser Funktion unterstützen sie die individuelle Planung und Organisation des Lernprozesses der Lernenden, stehen als Ansprechpartner bei Kummer jeder Art bereit. Typische Fragestellungen, deren Beantwortung in seiner Aufgabe stehen, sind:

- konkrete, individuelle Fragen/Probleme,
- Konzentrationsbehinderungen/Konzentrationsförderung,
- Lernplanung (Stoffaufteilung, Einteilung Lerntag, etc.),
- Lerntechniken, Lesetechniken,
- Methoden (ganz konkret, z. B. Kapitalwert berechnen etc.),
- Motivationsprobleme/Selbstmotivation,
- Probleme bei bestimmten Inhalten, Übungen etc.,
- Prüfungsangst/Verhalten in Prüfungssituationen,
- Zeitmanagement.

Kunden-orientierung Erwartungen an den Lerncoach im Bezug auf Kundenorientierung:

- Ein wesentlicher Faktor für den Erfolg des Coachings ist die Reaktionszeit. Sie sollte möglichst kurz sein. Der enge Kontakt mit den Lernenden hilft darüber hinaus, Lücken im Material oder bei den Lernenden zu erkennen und zeitnah zu schließen.
- Eine Wandlung des Verständnisses: Vom Lehrenden hin zum Lernenden. Nur das Ergebnis zählt. Letztendlich spielt es keine Rolle, wie gut der Lehrende war, wesentlich ist lediglich, wie viel bei den Lernenden »hängen bleibt« und was es für den Arbeitsmarkt bringt.
- Die häufige und effektive Präsenz der Lehrenden auf der Lernplattform zur Begleitung der Studierenden und deren Betreuung durch einen Coach, der sich der Probleme etc. annimmt.

Die Lernprozesse entwickeln sich von der Darbietung seitens der Lehrenden zum selbst gesteuerten Tun des Lernenden.

Das bringt Sie weiter **Literatur:** Stähli, L.: Lerncoaching
IR: Lerncoaching --- Lerncoach

5.8 | Lernen Sie selbstgesteuert

Verstehen Sie das Schlagwort »selbstgesteuertes Lernen« und verhalten Sie sich vor allem richtig.   Nutzen

Im E-Learning wird häufig das Schlagwort »selbstgesteuert lernen« benutzt. Was ist damit gemeint? Nun, ein Pädagoge würde das etwa so ausdrücken: Die Lernenden sollen in die Lage versetzt werden, innerhalb des durch das Lernmodul vorgegebenen Rahmens Entscheidungen selbst zu treffen   Definition

- wann,
- wie und
- wie oft

gelernt wird. Eine wichtige Rolle spielt dabei das Feedback, die Möglichkeit zur Selbsteinschätzung. Der Lernende soll eine Rückmeldung über seine Lernerfolge erhalten, bereits bevor ein Lehrender explizit beteiligt wird.

Das ist doch prima, oder? Im Zusammenhang mit E-Learning sind Sie in der Entscheidung, wann Sie wie viel bzw. wie oft lernen, nur sich selbst überlassen. Aber Vorsicht, bei vielen Lernenden liegt genau hier das Problem. Gerade beim E-Learning muss man sehr diszipliniert vorgehen. Und das nicht nur, weil beispielsweise die Verlinkungen in das Nirwana des WWW so verlockend sind. Also: Disziplinieren Sie sich und bleiben Sie stets bei der Sache!

Folgende Faktoren sind für den Erfolg des selbstgesteuerten Lernens besonders bedeutend: Erfolgsfaktoren

- Spaß am Lernen,
- Fähigkeit, Lernprozesse selber zu starten und durchzuführen,
- Auswahl geeigneter Lernmaterialien,
- kritische Reflexion von Lerninhalten,
- kritischer Umgang mit Lernmaterialien,
- Fähigkeit zur Elaboration von Inhalten,
- Disziplin, insbesondere auch im Bezug auf Memorieren,
- Arbeit mit einem Lerncoach,
- Grundkenntnisse in relevanten EDV-Anwendungen.

Synonym werden übrigens die Begriffe selbstorganisiertes, selbstbestimmtes, selbstregulatives, selbstreguliertes oder selbstständiges Lernen genutzt.

Literatur: Carell, A.: Selbststeuerung und Partizipation beim computerunterstützten kollaborativen Lernen
IR: Selbstgesteuertes Lernen   Das bringt Sie weiter

5.9 | Machen Sie mit in einer E-Learning-Community

Nutzen **Lernen Sie die Vorteile einer E-Learning-Community kennen und profitieren Sie vom Nutzen der Gemeinschaft!**

Stellen Sie sich mal vor, Sie befinden sich mit anderen Studierenden, mit im Berufsleben stehenden ehemaligen Studierenden, mit Ihren Dozenten und anderen interessanten Menschen in einem Netzwerk und nutzen vielfältige Vorteile der Gemeinschaft. Das bringt Sie garantiert weiter. Es gibt hier unterschiedliche Facetten:

Ein Beispiel stellt die Learning-Community dar. Der Begriff der »Learning-Community« wurde ja bereits oben eingeführt. Im Rahmen einer Learning-Community soll es den Teilnehmern möglich sein, gemeinsam Fertigkeiten zu erwerben, also Problemlösungsansätze für bestimmte Fragestellungen zu finden und zu lernen, aktuelle Informationen abzurufen, Fragestellungen zu diskutieren, Dokumenten-Downloads durchzuführen, Weiterbildungsangebote zu nutzen, Gruppenprozesse zu koordinieren und Ergebnisse zu veröffentlichen etc.

Für den Erfolg einer Learning Community ist es ganz erheblich, dass sich ein Mitarbeiter (Community-Coach) um die Belange der Teilnehmer kümmert. Er informiert, er motiviert, er beantwortet Fragen zur Selbstorganisation beim Online-Lernen und gibt Tipps. Er löst technische Probleme. Kurzum: Er ist Ansprechpartner für alles. Damit schafft er insbesondere bei technischen Anfragen den notwendigen Freiraum für die wissenschaftlichen Betreuer.

Community of Practice Ähnlich – aber noch praxisbezogener und selbstorganisierter – arbeiten die Communities of Practice. Als Community of Practice wird ein Team, eine Gruppe bezeichnet, die praxisbezogen zusammenarbeitet, um ähnliche Aufgaben zu lösen und informell, selbstorganisiert verbunden ist. Treibende Kraft zur Zusammenarbeit ist u.a. die zwischen den Mitgliedern in der Regel tendenziell homogene Aufgabenstellung, die jeder für seinen eigenen Bereich zu bearbeiten/zu lösen hat. Auftretende Fragen und Probleme werden thematisiert und möglichst in der Community gelöst. Der dabei erzielte Wissensfortschritt wiederum kommt allen Mitgliedern der Community und deren Praxisarbeit zu Gute.

Das bringt Sie weiter **Literatur:** Arnold, P.: Kooperatives Lernen im Internet
IR: Learning Community --- Community of Practice

5.10 | E-Learning besonders kreativ

Mit E-Learning geht vieles, die Möglichkeiten sind fast grenzenlos – steigen Sie ein in eine faszinierend kreative Welt der Möglichkeiten!

Nutzen

E-Learning per E-Mail: Die Teilnehmer können sich zu unterschiedlichen Angeboten des E-Learning anmelden. In einem bestimmten Abstand werden Ihnen Studienmaterialien (Wissensbausteine, Übungen etc.) per E-Mail zugesandt. Mittels eines Forums im Internet können Sie Aufgaben diskutieren, sich austauschen und mit Experten chaten. Die Teilnehmer können ggf. eine Prüfung ablegen. Bei den Folgen (Studienmaterialien) muss ein regelmäßiger Versand der einzelnen Folgen (beispielsweise alle 7 Tage) gewährleistet sein, unabhängig davon, wann sich ein Teilnehmer angemeldet hat. Diese Funktion des »personalisierten Versands« wird als »Follow-up-Autoresponder« bezeichnet. Sie ermöglich ein »Learning on Demand«.

E-Mail-Learning

Trainings-Zirkel (auf wissenschaftlicher Basis): Ein Trainings-Zirkel ist ein auf freiwilliger und wissenschaftlicher Basis beruhendes Projekt von Führungskräften, Wissenschaftlern und Beratern etc., die simultan z. B. eine bestimmte Managementtechnik durchführen und unter Anleitung einen virtuellen Austausch betreiben. Studierende sind in den virtuellen Austausch integriert und lernen so und ggf. durch Praktika vor Ort praktische Umsetzungen kennen. Somit entstehen neue Wege, um die notwendigen beruflichen Handlungskompetenzen zu vermitteln.

Trainings-Zirkel

Mind Maps – die »kleinen« E-Learning-Module: Mind Maps können – mittels Hyperlinks – Ausgangspunkt für weitere multimediale Dokumente, die im Mind-Map aktiviert werden können (z. B. HTML-Dokumente, PowerPoint-Folien, Audio, Video etc.), sein. Die Studierenden sehen somit die Übersicht über die Wissensbasis in einer Mind Map und vertiefen einzelne Stoffinhalte mit multimedialen Dokumenten, die mittels Hyperlinks verbunden sind. So könnte beispielsweise ein Tool zur Aufbauorganisation wie folgt gestaltet sein:

Mind Maps

- Über einen Hyperlink bei »Matrixorganisation« wird eine Animation ausgelöst, die die Thematik behandelt.
- Über einen Hyperlink lässt sich eine geeignete Software öffnen, um an einer Beispielfirma unterschiedliche Organigramme zu gestalten.
- Der Zweig Prozessanalyse führt zu einem Mind Map zur Thematik.
- Bei »Outsourcing« führt ein Link zu einem Marktplatz im Internet.

Literatur: Arnold, P.: Kooperatives Lernen im Internet
IR: Follow Up Autoresponder --- MindMap E-Learning

Das bringt Sie weiter

5.11 | Durch ein Portal zu relevanten Angeboten

Nutzen **Nutzen Sie Portale als die optimale Startbasis!**

Im Internet begegnen Sie vielen Portalen, die häufig als Startbasis zu einem Informationshighway zu einem speziellen Thema gesehen werden.

Philosophie Die Grundphilosophie lautet dabei: Portale gewährleisten

- nutzerorientiert,
- den schnellen Zugriff,
- über unterschiedliche Routen,
- zu wesentlichen Informationen und Funktionalitäten.

Natürlich ist nicht immer alles Gold, was glänzt, aber grundsätzlich soll damit erreicht werden, dass alle wesentlichen Informationen und Funktionalitäten über die Portalseite schnell erreichbar sind. Da unterschiedliche Menschen ggf. unterschiedliche Zugänge bevorzugen, bieten Portale zumeist verschiedene Nutzungswege/-strecken an, etwa eine Suchfunktion, eine systematisch strukturierte Liste etc.

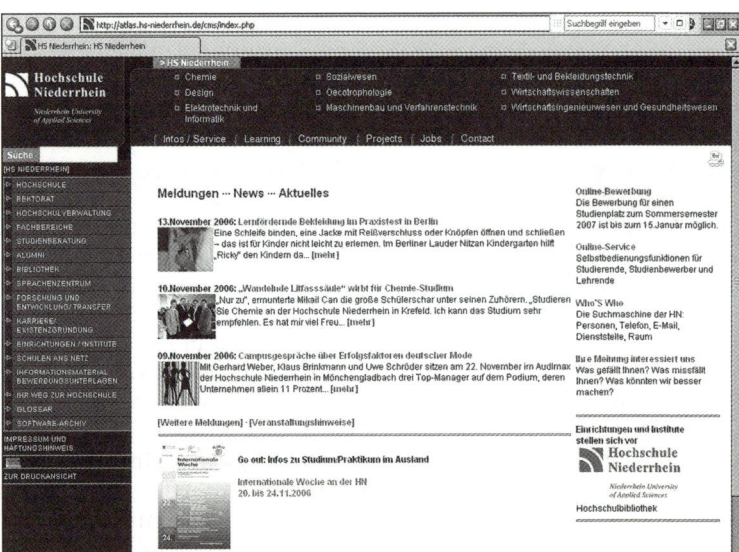

Portal der Hochschule Niederrhein: www.hs-niederrhein.de

Das bringt Sie weiter **Literatur:** Albayrak, D. B.: Portale in der öffentlichen Verwaltung
IR: Internetportal

5.12 | Nutzen Sie ein Content-Management-System

Bauen Sie sich in Ihrer Community ein gemeinsames CMS auf, damit Sie einen schnellen Zugriff zu Informationen etc. haben!

Nutzen

Content-Management beschreibt eine Methode, um Informationen, also den Inhalt von Dokumenten, Datenbanken und sonstigen Quellen, zu verwalten. Hierzu stehen in der Regel eine Reihe von Funktionalitäten bereit, wie etwa eine Volltext-Recherche oder ein Redaktionssystem. Dies steht häufig in Zusammenhang mit den Informationen, die mit dem Web-Auftritt (Internet) oder dem organisationseigenen Netzwerk (Intranet) veröffentlicht werden. Content-Management-Systeme (CMS) dienen dazu, diese Inhalte effizient zu pflegen, zu strukturieren und zu formatieren. Der Nutzen eines CMS liegt darin, die Prozesse der Informationsbereitstellung zu vereinfachen und zu standardisieren. Mittels eines CMS wird Content erzeugt, verwaltet, zur Verfügung gestellt und weitere Nutzungs- und Verarbeitungsmöglichkeiten geschaffen.

Definition

CMS sind EDV-Systeme zur Organisation, Verwaltung und Durchführung des Content-Managements. Sie sind folglich elektronische Werkzeuge für Content-Management. Solche Systeme besitzen häufig weitere Funktionalitäten, die zur Verarbeitung und Nutzung (Redaktion, Layout) integriert sind. Der wesentliche Ansatz liegt in der Trennung von Struktur, Formatierung und Inhalt (Rohdaten). Für die einzelnen Schritte sind jeweils verschiedene Mitarbeiter zuständig. Mit anderen Worten: Ein Content-Management-System hat die Aufgabe, bestimmten Benutzern die Möglichkeit zu geben, definierte Bereiche einer (Web-) Seite zu verändern und zu pflegen, ohne dass dazu spezieller technischer oder gestalterischer Sachverstand notwendig ist. Das einheitliche und ansprechende Aussehen der neu erstellten oder aktualisierten Seiten wird durch die Verwendung von eigens gestalteten Dokumentvorlagen (Templates) sichergestellt. Die grundlegende technische Basis kann wie folgt erläutert werden. Die Grundlage bildet ein Webserver. Interessenten, die über das Internet Informationen abrufen oder Funktionalitäten nutzen möchten, wenden sich per Webbrowser an den Webserver und dieser übermittelt die angeforderte Information, die schließlich beim Interessenten vom Webbrowser angezeigt wird.

Anwendung

Das CMS erweitert den Webserver um eine Datenbank, in der die Inhalte, die benötigten Dokumentvorlagen sowie Verwaltungsinformationen (beispielsweise Benutzer und Benutzerrechte) abgespeichert werden. Das CMS bietet eine Applikation (Software) an, die es ausgewählten Benutzern ermöglicht, bestimmte Inhalte in die Datenbank einzugeben bzw. zu ändern. Das CMS setzt die Inhalte der Datenbank (Texte, Bilder, Dokumentvorlagen) zu fertigen HTML-Seiten zusammen, die dann vom Webserver an die Besucher der Website übermittelt werden können.

Datenbank

TYPO 3

Als CMS ist die Software »TYPO 3« hervorzuheben: Das Content-Management-System »TYPO 3« ist als Open-Source-Software kostenlos erhältlich. »TYPO 3« wird entsprechend dem oben dargestellten Schema betrieben. »TYPO 3« arbeitet mit dem Apache-Webserver (ebenfalls OpenSource) oder dem Internet-Information-Server von Microsoft zusammen. Als Datenbank verwendet es MySQL. Die TYPO 3-Software ist in PHP geschrieben. Diese Programmiersprache wird für zahlreiche Internet-Anwendungen eingesetzt und ist auf vielen Plattformen erhältlich. So kann »TYPO 3« leicht um spezielle Funktionen (z. B. Anbindung einer bestehenden Datenbank) erweitert werden.

TYPO 3-Benutzer-gruppen

Mit »TYPO 3« arbeiten unterschiedliche Benutzergruppen:
- Die Aufgabe der Administratoren besteht darin, das Content-Management-System inklusive aller benötigten Software (Webserver, Datenbank, Programm-Interpreter) zu installieren und anschließend zu konfigurieren.
- Zu den Autoren zählen alle Personen, die für die Bereitstellung von Inhalten (Texte, Bilder usw.) zuständig sind.
- Die Aufgabe von Designern besteht darin, das Aussehen der Webseiten zu gestalten.

Zusatzmodule

Für »TYPO 3« sind bereits eine Vielzahl von Zusatzmodulen (Gästebuch, Newsletter, Kalender usw.) verfügbar, weitere werden von der großen Entwicklergemeinde ständig ergänzt. Findet sich nicht das geeignete Programm, kann »TYPO 3« aufgrund seiner offenen Architektur nach eigenen Wünschen erweitert werden.

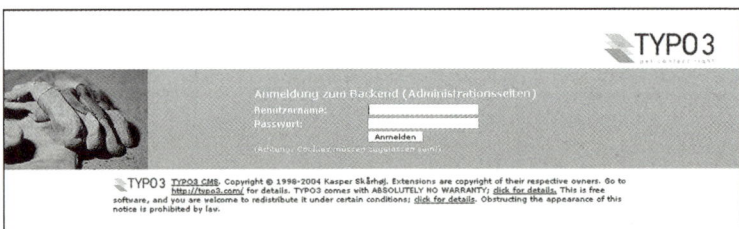

TYPO 3 – Anmeldung zum Backend

Das bringt Sie weiter

Literatur: Altmann, W. u.a.: TYPO3
IR: Typo3 --- http://www.typo3.net/

6 Erfolgreich in Bachelor und Master

Auf zu neuen Ufern! Bachelor und Master – die Ergebnisse einer groß angelegten Studienreform. Eine Studienreform, die jetzt umgesetzt wird, deren Wurzeln aber bis in die 60er-Jahre (!) zurückreichen. Zu Recht erkannten nämlich die Verantwortlichen folgende Probleme:

Studienreform

- Viele Studiengänge/Abschlüsse sind nicht kompatibel.
- Viele Studiengänge/Abschlüsse sind nicht international ausgerichtet.
- Oft gibt es erschreckend lange Studienzeiten und erschreckend hohe Abbrecherquoten.
- Die Lehrinhalte vermitteln nicht ausreichend Praxisbezüge.
- Die Lehre ist von schlechter Qualität.

Nach ersten Kooperationen ab Mitte der 70er-Jahre und konkreten Fortschritten ab Mitte der 90er-Jahre gab es den wesentlichen Durchbruch im Juni 1999 auf der Konferenz von 29 europäischen Bildungsministern in Bologna. Dort sprach man zum ersten Mal von einem »europäischen Hochschulraum«. Ab da hat sich dann der Begriff »Bologna-Prozess« etabliert. Ziel ab diesem Zeitpunkt:

Bologna-Prozess

- Schaffung eines einheitlichen europäischen Hochschulraumes,
- stärkere Berücksichtigung der »Berufsrelevanz«,
- Modularisierung von Studiengängen,
- vergleichbare Strukturen, Abschlussbezeichnungen, Leistungspunktesysteme,
- europaweit vernetztes System der Qualitätssicherung,
- Zusammenwachsen von Studierenden, Lehrenden und Absolventen.

Wesentliche Begriffe des Bologna-Prozesses und »der Folgen« werden im nachfolgenden Glossar kurz erläutert.

Glossar zum Bologna-Prozess

Abschlüsse Bachelor- und Masterstudiengänge sind jeweils eigenständige Studiengänge, die zu eigenständigen Abschlüssen führen.

Bei interdisziplinären Studiengängen richtet sich die Bezeichnung nach dem Fachgebiet, welches im Studium überwiegt.

Fach/Fachgruppe	Abschluss im Bachelor	Abschluss im Master
Sprach- und Kulturwissenschaften, Sport, Sportwissenschaft, Sozialwissenschaft, Kunstwissenschaft	Bachelor of Arts (B.A.)	Master of Arts (M.A.)
Mathematik, Naturwissenschaften, Medizin, Agrarwissenschaften, Forstwissenschaften, Ernährungswissenschaften	Bachelor of Science (B.Sc.)	Master of Science (M.Sc.)
Ingenieurwissenschaften	Bachelor of Science (B.Sc.) oder Bachelor of Engineering (B.Eng.)	Master of Science (M.Sc.) oder Master of Engineering (M.Eng.)
Wirtschaftswissenschaften, je nach der inhaltlichen Ausrichtung des Studiengangs	Bachelor of Arts (B.A.) oder Bachelor of Science (B.Sc.)	Master of Arts (M.A.) oder Master of Science (M.Sc.)
Rechtswissenschaften	Bachelor of Laws (LL.B)	Master of Laws (LL.M)

Abschlüsse in Bachelor und Master

Weitere fachliche Zusätze zu den Abschlussbezeichnungen sind nicht gestattet.

Die aufgeführten Abschlussbezeichnungen (Mastergrade) dürfen nur dann für Weiterbildungsstudiengänge verwendet werden, wenn sie in den Anforderungen einem konsekutiven Studiengang gleich sind. Für nicht-konsekutive Masterstudiengänge und Weiterbildungsstudiengänge dürfen auch Abschlussbezeichnungen (Mastergrade) verwendet werden, die von den oben aufgeführten Bezeichnungen differieren. Für einen erfolgreich abgeschlossenen Studiengang können nicht zugleich Bachelor-/Masterabschlüsse und Diplom-/Magisterabschlüsse verliehen werden und umgekehrt.

Ein Bachelorabschluss kann also nicht in einen Diplomstudiengang integriert werden. Ebenso kann aufgrund eines erfolgreich absolvierten Diplomstudiums kein Mastergrad verliehen werden.

Akkreditierung

Bachelor- und Masterstudiengänge sind zu akkreditieren. Aufgabe der Akkreditierung ist es, die Studierbarkeit des Lehrangebotes zu überprüfen, die Qualität von Lehre und Studium zu sichern und die Berufsrelevanz zu überprüfen. Wesentlich ist es, dass die zu akkreditierenden Studiengänge modularisiert sind und über ein ECTS-Punkte-System verfügen. Die Akkreditierung wird durch Akkreditierungsagenturen durchgeführt, die untereinander im Wettbewerb stehen. Die Akkreditierungsagenturen führen auf Antrag die Akkreditierungsverfahren durch.

Der Akkreditierungsrat ist die zentrale Akkreditierungseinrichtung mit Sitz beim Sekretariat der Kultusministerkonferenz. Ein Überblick über die Akkreditierungsagenturen findet sich bei www.akkreditierungsrat.de.

Arbeitsbelastung

Siehe Workload.

Bachelorstudiengänge

Nach § 19 der HRG-Novelle von 2002 können Hochschulen Studiengänge einführen, die zu einem Bachelor- oder Bakkalaureusgrad führen. Hierbei handelt es sich bereits um einen ersten berufsqualifizierenden Abschluss, bei dem die Regelstudienzeit mindestens drei aber höchstens vier Jahre beträgt.

In Bachelorstudiengängen werden wissenschaftliche Grundlagen, Methodenkompetenz und berufsfeldbezogene Qualifikationen vermittelt. Bachelorabschlüsse verleihen grundsätzlich die gleichen Berechtigungen wie die Diplomabschlüsse der Fachhochschulen. Sie sind dem gehobenen Dienst zugeordnet, unabhängig davon, ob sie an einer Fachhochschule oder einer Universität erworben wurden. Bei einer Regelstudienzeit von drei Jahren sind für den Bachelorabschluss in der Regel 180 ECTS-Punkte nachzuweisen.

Diploma Supplement

Das Diploma Supplement erläutert das einem Abschluss zugrunde liegende Studium detailliert. Es gibt detaillierte und standardisierte Informationen zu dem Studiengang und den erworbenen Qualifikationen. Diese Informationen sind insbesondere für den Berufseintritt wichtig.

ECTS

Das ECTS (European Credit Transfer and Accumulation System) ist das Europäische System zur Anrechnung, Übertragung und Akkumulation von Kreditpunkten. Accumulation (Akkumulation) bedeutet »Ansammlung«, »Anhäufung« (siehe Leistungspunktesystem).

Konsekutive/nicht-konsekutive Studienabschlüsse

Konsekutive Bachelor- und Masterstudiengänge sind solche Studiengänge, die laut Studienordnung aufeinander aufbauen (3+2 oder 4+1 Jahre). Der Masterstudiengang kann dabei den vorausgehenden Bachelorstudiengang fachlich fortführen und vertiefen oder fachübergreifend (unter Wahrung eines Fachzusammenhangs) erweitern.

Nicht-konsekutive Studiengänge sind Masterstudiengänge, die inhaltlich nicht auf dem vorhergehenden Bachelorstudiengang aufbauen.

Bei konsekutiven Studienabschlüssen, die zu Bachelor- und Mastergraden führen, beträgt die Gesamtregelstudienzeit höchstens fünf Jahre. Dies gilt jedoch nur für die Strukturvorgaben an einer Hochschule. Der/die einzelne Studierende kann an einer Hochschule einen vierjährigen Bachelorstudiengang studieren und an einer anderen Hochschule einen zweijährigen Masterstudiengang.
(Siehe auch Weiterbildende Masterstudiengänge).

Leistungspunktesystem

Das Leistungspunktesystem dient dem Nachweis von Studien- und Prüfungsleistungen und soll die Übertragung erbrachter Leistungen auf andere Studiengänge derselben Hochschule oder einer anderen Hochschule erleichtern.

Pro Studienjahr werden in der Regel 60 Credits (Leistungspunkte) vergeben, also 30 je Semester. Je Credit wird eine Arbeitsbelastung (Workload) von 30 Stunden unterstellt.
Leistungspunkte und Noten sind getrennt anzugeben.

Masterstudiengänge

Nach § 19 der HRG-Novelle von 2002 können Hochschulen Studiengänge einführen, die zu einem Master-/Magistergrad führen. Hierbei handelt es sich um einen weiteren berufsqualifizierenden Abschluss. Die Regelstudienzeit beträgt mindestens ein, höchstens zwei Jahre. Zu unterscheiden sind konsekutive, nicht-konsekutive und weiterbildende Masterstudiengänge.

Der Masterabschluss kann nur erworben werden, wenn ein erster berufsqualifizierender Berufsabschluss vorliegt. Zugangsvoraussetzung für einen Masterstudiengang ist stets ein vorliegender berufsqualifizierender Hochschulabschluss. Darüber hinaus soll der Zugang zum Master von weiteren Zugangsvoraussetzungen abhängig gemacht werden.

Es wird zwischen stärker anwendungsorientierten und stärker forschungsorientierten Masterstudiengängen differenziert.

Für den Masterabschluss sind in der Regel unter Einbeziehung des vorhergehenden Abschlusses 300 ECTS-Punkte nachzuweisen.

Konsekutive Masterabschlüsse verleihen dieselben Berechtigungen wie die Magister- und Diplomabschlüsse an Universitäten. Sowohl die Masterabschlüsse, die an Universitäten erworben wurden, als auch die Masterabschlüsse, die an Fachhochschulen erworben wurden, berechtigen grundsätzlich zur Promotion.

Modularisierung/Module/Modulhandbuch

Ein wesentliches Ziel der Studienreform liegt in der Modularisierung von Studiengängen. Damit wird die Vergleichbarkeit und wechselseitige Anerkennung von Modulen zwischen Hochschulen von solchen Modulen ermöglicht, die als wissenschaftlich gleichwertig anzusehen sind.

Die Module sind zusammengefasst in einem Modulhandbuch mindestens mit den Informationen zu:

- Inhalt und Qualifikationsziel,
- Lehrformen,
- Voraussetzungen für die Teilnahme,
- Verwendbarkeit,
- Voraussetzungen für die Vergabe von Leistungspunkten,
- Leistungspunkte und Noten,
- Häufigkeit des Angebots,
- Arbeitsaufwand sowie
- Dauer.

Die Beschreibungen der Module sollen den Studierenden somit die wesentlichen Informationen bieten über:

- Studienverlauf,
- Inhalte und
- Anforderungen

der Module sowie über das Gesamtkonzept.

Noten

Einerseits sind die Noten nach der deutschen Notenskala anzugeben:

- 1 = Eine Leistung, die weit über den Erwartungen liegt.
- 2 = Eine Leistung, die über den Erwartungen liegt.
- 3 = Eine Leistung, die den Erwartungen entspricht.
- 4 = Eine Leistung, die unter den Erwartungen liegt.
- 5 = Eine Leistung, die weit unter den Erwartungen liegt.

Daneben ist bei der Abschlussnote eine »relative Note« entsprechend ECTS anzugeben:

- A = die besten 10 %.
- B = die nächsten 25 %.
- C = die nächsten 30 %.
- D = die nächsten 25 %.
- E = die nächsten 10 %.

Dabei sind neben dem Abschlussjahrgang auch noch mindestens zwei vorhergehende zu berücksichtigen.

Weiterhin steht FX für »nicht bestanden, es sind Verbesserungen erforderlich« und F für »nicht bestanden, es sind erhebliche Verbesserungen erforderlich«.

Studienbegleitende Prüfungen

Im Rahmen der Studienreform werden studienbegleitende Prüfungen eingeführt. Die Prüfungen werden also nicht mehr erst nach 3 oder 4 Semestern abgelegt, sondern begleitend nach den Vorlesungen in dem Semester, in dem die Veranstaltungen angeboten werden.

Für jedes Modul müssen eine Prüfung und mindestens eine Wiederholungsprüfung angeboten werden.

Studiengangsprofil

Konsekutive, nicht-konsekutive und weiterbildende Masterstudiengänge können als Studiengangsprofil entweder

- anwendungsorientiert oder
- forschungsorientiert

ausgerichtet sein.

Teilzeitstudium

Bachelor- und Masterstudiengänge können als Teilzeitstudiengänge angeboten werden. Damit wird dem Trend Rechnung getragen, dass der Bedarf an Teilzeitstudiengängen in den vergangenen Jahren ständig gestiegen ist.

Zur Einrichtung von Teilzeitstudiengängen sind von der Bund-Länder-Kommission für Bildungsplanung und Forschungsförderung besondere Empfehlungen veröffentlicht worden.

Zu den aktuellen Empfehlungen siehe www.blk-bonn.de.

Thesis

Die Thesis meint die Abschlussarbeit, die sowohl in Bachelor- als auch in Masterstudiengängen vorgeschrieben ist.

Damit soll die Fähigkeit nachgewiesen werden, innerhalb einer vorgegebenen Frist ein Problem aus dem jeweiligen Fach selbstständig mit wissenschaftlichen Methoden bearbeiten zu können.

Bei der Abschlussarbeit muss der Bearbeitungsumfang mindestens zur Erreichung von 6 ECTS-Punkten, aber höchstens 12 ECTS-Punkten führen.

Urkunde

Auf Antrag fügen die Hochschulen den Urkunden eine englischsprachige Übersetzung bei. Nach meiner Einschätzung ist es grundsätzlich empfehlenswert, diese anzufordern.

Weiterbildende Masterstudiengänge

Weiterbildende Masterstudiengänge setzen nach einem qualifizierten Hochschulabschluss mindestens ein Jahr Berufserfahrung voraus.

Weiterbildende Masterstudiengänge sollen so gestaltet sein, dass die beruflichen (Vor-) Erfahrungen berücksichtigt werden.

Workload

Je Credit ist eine Arbeitsbelastung im Präsenz- und Selbststudium von 30 Stunden vorgesehen.

Die gesamte Arbeitsbelastung darf im Semester – einschließlich der vorlesungsfreien Zeit – 900 Stunden nicht überschreiten, im Studienjahr somit 1800 Stunden.

Nachfolgend wichtige Links:
- Service-Stelle Bologna
  www.hrk-bologna.de
- BLK = Bund-Länder-Kommission für Bildungsplanung und Forschungsförderung
  www.blk-bonn.de
- BMBF = Bundesministerium für Bildung und Forschung
  www.bmbf.de
- HRK = Hochschulrektorenkonferenz
  www.hrk.de
- KMK = Kultusministerkonferenz
  www.kmk.org
- WR = Wissenschaftsrat
  www.wissenschaftsrat.de
- CHE = Centrum für Hochschulentwicklung GmbH
  www.che.de
- AR = Akkreditierungsrat
  www.akkreditierungsrat.de
- EvaNet = Evaluations-Netzwerk zur Evaluation und Qualitätssicherung an deutschen Hochschulen
  www.evanet.his.de
- JQI = Joint Quality Initiative
  www.jointquality.org
- Projekt Qualitätssicherung
  www.projekt-q.de
- ECA = European Consortium for Accreditation
  www.ecaconsortium.net
- ENQA = European Network for Quality Assurance in Higher Education
  www.enqa.net

Anhang: Tastaturkürzel

Microsoft Word

Kürzel, Taste	Ausführung
F1	Hilfe
F2	Text verschieben
F3	Auto Text
F4	Wiederherstellen oder Wiederholen
F5	Gehe zu
F6	Anderer Ausschnitt
F7	Überprüfung
F8	Markierung erweitern
F9	Felder aktualisieren
F10	Menü Modus
F11	Nächstes Feld
F12	Speichern unter
Alt+1	Zuweisen Überschrift 1
Alt+2	Zuweisen Überschrift 2
Alt+3	Zuweisen Überschrift 3
Alt+Abwärts	Nächstes Objekt
Alt+Aufwärts	Vorheriges Objekt
Alt+Bild-AB-Taste	Ende Spalte
Alt+Bild-AUF-Taste	Beginn Spalte
Alt+End	Ende Tabellenzeile
Alt+F1	Nächstes Feld
Alt+F3	Auto Text erstellen
Alt+F4	Schließen oder beenden
Alt+F5	Wiederherstellen
Alt+F6	Nächstes Fenster
Alt+F7	Nächster Rechtschreibfehler
Alt+F8	Makro
Alt+F9	Feldfunktionen
Alt+F10	Vollbild
Alt+F11	VBCode
Alt+Links	Web gehe zurück
Alt+POS1	Beginn Tabellenzeile
Alt+Rechts	Web gehe weiter
Alt+Return	Wiederherstellen oder wiederholen
Alt+RÜCK	Rückgängig
Alt+Transparent (Num 5)	Tabelle markieren

Kürzel, Taste	Ausführung
Alt+Strg+-	Anpassen Menü Shortcut Entf
Alt+Strg+\	Umschalten zentral Filialdokumente
Alt+Strg+6	Anpassen Menü Shortcut hinzu
Alt+Strg+Bild-Ab-Taste	Ende Fenster
Alt+Strg+Bild-Auf-Taste	Beginn Fenster
Alt+Strg+D	Endnote jetzt einfügen
Alt+Strg+F	Fußnote jetzt einfügen
Alt+Strg+F1	Microsoft Systeminfo
Alt+Strg+F2	Öffnen
Alt+Strg+G	Gliederung
Alt+Strg+I	Seitenansicht
Alt+Strg+K	Anmerkung
Alt+Strg+L	Layout
Alt+Strg+N	Normal
Alt+Strg+POS1	Durchsuchen Markierung
Alt+Strg+Return	Formatvorlagen Trennzeichen
Alt+Strg+S	Dokumentfenster teilen
Alt+Strg+U	Aktualisieren Auto Format
Alt+Strg+V	Auto Text
Alt+Strg+Y	Suchen wiederholen
Alt+Strg+Z	Zurück Einfügemarke
Alt+Strg+Umschalt+L	Listen Nr Feld
Alt+Umschalt+-	Gliederung reduzieren
Alt+Umschalt+,	Gliederung erweitern
Alt+Umschalt+0	Gliederung erweitern
Alt+Umschalt+1	Einblenden Ebene 1
Alt+Umschalt+2	Einblenden Ebene 2
Alt+Umschalt+3	Einblenden Ebene 3
Alt+Umschalt+4	Einblenden Ebene 4
Alt+Umschalt+5	Einblenden Ebene 5
Alt+Umschalt+6	Einblenden Ebene 6
Alt+Umschalt+7	Einblenden Ebene 7
Alt+Umschalt+8	Einblenden Ebene 8
Alt+Umschalt+9	Einblenden Ebene 9
Alt+Umschalt+A	Einblenden alle Überschriften
Alt+Umschalt+Abwärts	Gliederung Absatz nach unten
Alt+Umschalt+Aufwärts	Gliederung Absatz nach oben
Alt+Umschalt+Bild-Ab-Taste	Ende Spalte

Kürzel, Taste	Ausführung
Alt+Umschalt+Bild-Auf-Taste	Beginn Spalte
Alt+Umschalt+C	Ausschnitt schließen
Alt+Umschalt+D	Feld Datum
Alt+Umschalt+E	Seriendruck Datenquelle bearbeiten
Alt+Umschalt+F	Seriendruck Feld
Alt+Umschalt+Einfügen	Gliederung reduzieren
Alt+Umschalt+End	Ende Tabellenzeile
Alt+Umschalt+F1	Vorheriges Feld
Alt+Umschalt+F2	Speichern
Alt+Umschalt+F6	Vorheriges Fenster
Alt+Umschalt+F7	Übersetzungs-Fenster
Alt+Umschalt+F9	Feldaktion ausführen
Alt+Umschalt+F11	Microsoft Script Editor
Alt+Umschalt+I	Zitat festlegen
Alt+Umschalt+K	Seriendruck prüfen
Alt+Umschalt+L	Gliederung Erstzeile einblenden
Alt+Umschalt+Links	Gliederung höherstufen
Alt+Umschalt+M	Seriendruck an Drucker
Alt+Umschalt+N	Seriendruck in Dokument
Alt+Umschalt+O	Inhaltsverzeichnis Eintrag auswählen
Alt+Umschalt+P	Feld Seite
Alt+Umschalt+POS1	Beginn Tabellenzeile
Alt+Umschalt+Rechts	Gliederung tieferstufen
Alt+Umschalt+RÜCK	Wiederherstellen
Alt+Umschalt+T	Feld Zeit
Alt+Umschalt+U	Felder aktualisieren
Alt+Umschalt+X	Index Eintrag festlegen
Alt+Umschalt+Z	Kopf Fußzeile verknüpfen
Strg+#	Tiefgestellt
Strg++	Hochgestellt
Strg+<	Schrift verkleinern
Strg+1	Zeilenabstand 1
Strg+2	Zeilenabstand 2
Strg+3	Feld Sperren
Strg+4	Feld Freigabe
Strg+5	Zeilenabstand eins Komma fünf
Strg+6	Verknüpfung lösen Felder
Strg+8	Schrift verkleinern ein Punkt

Kürzel, Taste	Ausführung
Strg+9	Schrift vergrößern ein Punkt
Strg+A	Alles markieren
Strg+Abwärts	Absatz unten
Strg+Aufwärts	Absatz oben
Strg+B	Absatz Block
Strg+Bild-Ab-Taste	Durchsuchen weiter
Strg+Bild-Auf-Taste	Durchsuchen zurück
Strg+C	Kopieren
Strg+D	Zeichen
Strg+E	Absatz zentriert
Strg+Einfügen	Kopieren
Strg+End	Ende Dokument
Strg+Entf	Wort löschen
Strg+F	Suchen
Strg+F1	Anzeigen Aufgabenbereich
Strg+F2	Seitenansicht
Strg+F3	Sammlung
Strg+F4	Dokument schließen
Strg+F5	Dokument wiederherstellen
Strg+F6	Nächstes Fenster
Strg+F7	Dokument verschieben
Strg+F8	Dokument Größe
Strg+F9	Feldzeichen
Strg+F10	Dokument maximieren
Strg+F11	Feld sperren
Strg+F12	Öffnen
Strg+G	Gehe zu
Strg+H	Ersetzen
Strg+J	Auto Format
Strg+K	Hyperlink
Strg+L	Absatz links
Strg+Leertaste	Zeichen Vorgabe
Strg+Links	Wort links
Strg+M	Einzug
Strg+N	Neu Standard
Strg+Num 5	Alles markieren
Strg+O	Öffnen
Strg+P	Drucken
Strg+POS1	Beginn Dokument

Kürzel, Taste	Ausführung
Strg+Q	Vorgabe Absatz
Strg+R	Absatz rechts
Strg+Rechts	Wort rechts
Strg+Return	Seitenwechsel
Strg+RÜCK	Letztes Wort löschen
Strg+S	Speichern
Strg+T	Hängender Einzug
Strg+Transparent (Num 5)	Alles markieren
Strg+V	Einfügen
Strg+W	Dokument schließen
Strg+X	Ausschneiden
Strg+Y	Wiederherstellen oder wiederholen
Strg+Z	Rückgängig
Strg+Umschalt++	Alle anzeigen
Strg+Umschalt+<	Schrift vergrößern
Strg+Umschalt+8	Alle anzeigen
Strg+Umschalt+A	Schriftart
Strg+Umschalt+Abwärts	Absatz unten erweitern
Strg+Umschalt+Aufwärts	Absatz oben erweitern
Strg+Umschalt+B	Symbol Schriftart
Strg+Umschalt+C	Kopieren
Strg+Umschalt+D	Doppelt unterstreichen
Strg+Umschalt+E	Überarbeitungsmarkierungen
Strg+Umschalt+End	Ende Dokument erweitern
Strg+Umschalt+F	Fett
Strg+Umschalt+F11	Feld Freigabe
Strg+Umschalt+F12	Drucken
Strg+Umschalt+F3	Sammlung
Strg+Umschalt+F5	Textmarke
Strg+Umschalt+F6	Vorheriges Fenster
Strg+Umschalt+F7	Quelle aktualisieren
Strg+Umschalt+F8	Spalte markieren
Strg+Umschalt+F9	Verknüpfung lösen Felder
Strg+Umschalt+G	Großbuchstaben
Strg+Umschalt+H	Ausgeblendet
Strg+Umschalt+I	Wörter zählen Liste
Strg+Umschalt+J	Anordnen Absatz
Strg+Umschalt+K	Kursiv

Kürzel, Taste	Ausführung
Strg+Umschalt+L	Zuweisen Aufzählung
Strg+Umschalt+Links	Wort links erweitern
Strg+Umschalt+M	Rück Einzug Absatz
Strg+Umschalt+N	Standard FV
Strg+Umschalt+O	Recherche nachschlagen
Strg+Umschalt+P	Schriftgrad Auswahl
Strg+Umschalt+POS1	Beginn Dokument erweitern
Strg+Umschalt+Q	Kapitälchen
Strg+Umschalt+R	Wörter zählen erneut
Strg+Umschalt+Rechts	Wort rechts erweitern
Strg+Umschalt+Return	Spaltenwechsel
Strg+Umschalt+S	Formatvorlage
Strg+Umschalt+T	Rück Einzug Seitenrand
Strg+Umschalt+U	Unterstrichen
Strg+Umschalt+V	Einfügen
Strg+Umschalt+W	Wort unterstreichen
Strg+Umschalt+X	Umschalten Xml Tag Ansicht
Strg+Umschalt+Z	Zeichen Vorgabe
Umschalt+Abwärts	Zeile unten erweitern
Umschalt+Aufwärts	Zeile oben erweitern
Umschalt+Bild-Ab-Taste	Bild ab erweitern
Umschalt+Bild-Auf-Taste	Bild auf erweitern
Umschalt+Einfügen	Einfügen
Umschalt+End	Ende Zeile erweitern
Umschalt+Entf	Ausschneiden
Umschalt+F1	Eigenschaften
Umschalt+F2	Text kopieren
Umschalt+F3	Groß Kleinschreibung ändern
Umschalt+F4	Suchen wiederholen
Umschalt+F5	Zurück Einfügemarke
Umschalt+F6	Anderer Ausschnitt
Umschalt+F7	Thesaurus RR
Umschalt+F8	Markierung verkleinern
Umschalt+F9	Feld Anzeige umschalten
Umschalt+F11	Vorheriges Feld
Umschalt+F12	Speichern
Umschalt+Links	Zeichen links erweitern
Umschalt+POS1	Beginn Zeile erweitern
Umschalt+Rechts	Zeichen rechts erweitern

Open Office

Kürzel, Taste	Ausführung
Kürzel, Taste	Ausführung
F2	Rechenleiste
Strg F2	Feldbefehl einfügen
F3	AutoText expandieren
Strg F3	AutoText bearbeiten
F4	Datenquellenansicht öffnen
Umschalt F5	Nächsten Rahmen auswählen
F5	Navigator ein-/ausschalten
Strg Umschalt F5	Navigator einschalten
F7	Rechtschreibprüfung
Strg F7	Thesaurus
F8	Erweiterungsmodus
Strg F8	Markierungen an/aus
Umschalt F8	Ergänzungsmodus
F9	Felder aktualisieren
Strg F9	Feldbefehle anzeigen
Umschalt F9	Tabelle berechnen
Strg Umschalt F9	Eingabefelder aktualisieren
Strg F10	Steuerzeichen an/aus
F11	Stylist ein-/ausschalten
Umschalt F11	Vorlage erzeugen
Strg Umschalt F11	Vorlage aktualisieren
F12	Nummerierung ein
Strg F12	Tabelle einfügen oder bearbeiten
Umschalt F12	Aufzählung ein
Strg Umschalt F12	Nummerierung/Aufzählung aus
Strg A	Alles auswählen
Strg B	Blocksatz
Strg D	Doppelt unterstreichen
Strg E	Zentriert
Strg G	Suchen und Ersetzen
Strg H	Hochstellen
Strg L	Linksbündig
Strg R	Rechtsbündig
Strg T	Tiefstellen

Kürzel, Taste	Ausführung
Strg Y	Letzter Befehl
Strg +0 null	Standard-Absatzvorlage anwenden
Strg 1	Einzeiliger Zeilenabstand
Strg 2	Zweizeiliger Zeilenabstand
Strg +3	Absatzvorlage Überschrift 3
Strg 5	1,5-zeiliger Zeilenabstand
Strg -	Benutzerdefinierter Trenner
Strg -Umschalt-Minus-zeichen	Geschützter Bindestrich
Strg -* auf dem Nummernblock	Makrofeld ausführen
Strg Leertaste	Geschütztes Leerzeichen.
Umschalt Eingabetaste	Zeilenumbruch ohne Absatzwechsel
Strg Eingabetaste	Manueller Seitenumbruch
Cursor links	Schreibmarke nach links
Umschalt Cursor links	Schreibmarke mit Selektion nach links
Strg Cursor links	Springen an Wortanfang
Strg Umschalt Cursor links	Wortweise nach links selektieren
Cursor rechts	Schreibmarke nach rechts
Umschalt Cursor rechts	Schreibmarke mit Selektion rechts
Strg Cursor rechts	Sprung an das Wortende
Strg Umschalt Cursor rechts	Wortweise nach rechts selektieren
Cursor oben	Zeile nach oben
Umschalt Cursor oben	Zeile mit Selektion nach oben
Cursor unten	Zeile nach unten
Umschalt Cursor unten	Zeile mit Selektion nach unten
Pos1	Sprung zum Zeilenanfang
Umschalt Pos1	Zum Zeilenanfang gehen + markieren
Ende	Sprung zum Zeilenende
Umschalt Ende	Zum Zeilenende gehen + markieren
Strg Pos1	Sprung zum Dokumentanfang
Strg Umschalt Pos1	Sprung mit Selektion zum Anfang
Strg Ende	Sprung zum Dokumentende
Strg Umschalt Ende	Sprung mit Selektion zum Ende
Einfg	Einfügemodus ein/aus
BildAuf	Bildschirmseite nach oben

Kürzel, Taste	Ausführung
Umschalt BildAuf	Bildschirmseite mit Selektion oben
BildAb	Bildschirmseite nach unten
Umschalt BildAb	Bildschirmseite mit Selektion unten
Strg Entf	Löscht Text bis Wortende
Strg Rückschritt	Löscht Text bis Wortanfang
Strg Umschalt Entf	Löscht Text bis Satzende
Strg Umschalt Rück-schritt	Löscht Text bis Satzanfang

Quelle: In Anlehnung an Microsoft Hilfe und OpenOffice.org Writer-Hilfe

Hinweis: Es kann sein, dass auf Ihrem PC im Ausnahmefall andere Tastaturbelegungen eingestellt sind.

Literatur

Albayrak, D. B.: Portale in der öffentlichen Verwaltung. Auswirkungen auf Organisation, Bürgernähe, Beschäftigtenorientierung und Wirtschaftlichkeit, Marburg: Tectum 2005.

Alexander, T.: Elektronischer Knigge. Netiquette und Verhaltensregeln für die berufliche und private Tele und Onlinekommunikation. Telefon/VoIP/Handy, Anrufbeantworter, E-Mail, Chat, Newsgroup, Weblog, Homepage, Suchmaschinen, Berlin: Rhombos-Verlag 2006.

Altmann, W./Fritz, R./Hinderink, D.: TYPO3. Enterprise Content Management, München: Open Source Press, 2., aktualisierte und überarbeitete Auflage 2006.

Arnold, P.: Kooperatives Lernen im Internet. Qualitative Analyse einer Community of Practice im Fernstudium, Münster – New York – München – Berlin: Waxmann 2003.

Backer, R.: Menü-Funktionen von Microsoft. Alle praxisrelevanten und zeitsparenden Menü-Befehle von MS Windows, Internet Explorer, Word und Outlook, Bonn: Verlag für die Deutsche Wirtschaft 2005.

Baumgartner, P. /Häfele, H./Maier-Häfele, K.: Content Management Systeme in e-Education. Auswahl, Potenziale und Einsatzmöglichkeiten, Innsbruck – Wien – München – Bozen: Studien-Verlag 2004.

Becker, A./Maisenbacher, K.: Tastaturschulung und Textgestaltung. Textverarbeitung mit dem PC, Haan-Gruiten: Europa-Lehrmittel, 4. Auflage 2003.

Bildner, C.: Word XP – Basiswissen für Einsteiger, Passau: Readersplanet 2005.

Birkenbihl, V.: Der Birkenbihl Power-Tag, Landsberg am Lech: mvg-Verlag, 4. Auflage 1999.

Birkenbihl, V.: Erfolgstraining. Schaffen Sie sich Ihre Wirklichkeit selbst!, Landsberg am Lech: mvg-Verlag, 11., völlig überarbeitete Auflage 1999.

Birkenbihl, V.: Trotzdem LEHREN, Offenbach: GABAL Verlag 2004.

Birkenbihl, V.: Trotzdem LERNEN, Offenbach: GABAL Verlag 2004.

Bischof, A./Bischof, K.: Selbstmanagement. Effektiv und effizient, Planegg: Haufe, 5. Auflage 2006.

Born, G.: XML. Der einfache Einstieg in den führenden Dokumenten- und Web-Standard, München: Markt und Technik 2005.

Born, G.: OpenOffice.org 2. Fürs Büro, für zu Hause, für die Schule, fürs Studium, München: Markt und Technik 2006.

Bragdon, A. D./Gamon, D.: Linkshirn Genie. Wie Sie Gedächtnis und logische Intelligenz steigern – und auch noch Ihre Laune verbessern!, München: mvg 2002.

Braun, R./Gawlas, H./Schmalz, A./Dauz, E.: Die Coaching Fibel. Vom Ratgeber zum High Performance Coach, Wien: Linde International 2004.

Brügge, B./Harhoff, D./Picot, A./Creighton, O./Fiedler, M./Henkel, J.: Open-Source-Software. Eine ökonomische und technische Analyse, Berlin: Springer 2004.

Bruhn, M.: Qualitätsmanagement für Dienstleistungen. Grundlagen, Konzepte, Methoden, Berlin: Springer, 6., überarbeitete und erweiterte Auflage 2006.

Busse-Muskala, V.: Strafrechtliche Verantwortlichkeit der Informationsvermittler im Netz – Eine Untersuchung zur Strafbarkeit der Anbieter von Hyperlinks und Suchmaschinen, Münster: LIT 2006.

Buzan, T.: Mind Map – die Erfolgsmethode. Die geistigen Möglichkeiten steigern und optimal nutzen, München: Goldmann 2005.

Carell, A.: Selbststeuerung und Partizipation beim computerunterstützten kollaborativen Lernen. Eine Analyse im Kontext hochschulischer Lernprozesse, Münster – New York – München – Berlin: Waxmann 2006.

Chevalier, B.: Effektiver lernen. Mehr Textverständnis. Bessere Arbeitsorganisation. Prüfungen erfolgreich bestehen, Frankfurt am Main: Eichborn 1999.

Cottrell, S.: The Study Skills Handbook, Houndmills – Basingstoke – Hampshire – New York: Palgrave Macmillan 2. Auflage 2003.

DeMarco, T./Märtin, D.: Der Termin. Ein Roman über Projektmanagement, München: Hanser 2005.

DIN e.V. (Hrsg.): Korrekturzeichen und deren Anwendung. Nach DIN 16511, Berlin – Wien – Zürich: Beuth, 2., vollständig überarbeitete Auflage 2006.

Drösser, C.: Wissen in den Kissen. Der Mensch schläft, aber im Oberstübchen brennt noch Licht, DIE ZEIT 48/2002, zitiert nach http://www.zeit.de/2002/48/Lernen-Schlaf; 11.11.2006.

Echterhoff, G./Neumann, B.: Projekt- und Zeitmanagement. Strategien für ein erfolgreiches Studium, Stuttgart: Klett 2006.

Eckeberg, P.: Zeit- und Selbstmanagement. Situationsanalyse Zielfindung Maßnahmen- und Zeitplanung, München: Oldenbourg 2004.

Eder, B.: Durchstarten zum Computerführerschein (ECDL). Word für Fortgeschrittene. Textverarbeitung, Modul 3: Advanced Level, Linz: VERITAS 2003.

Emden, J. V./Becker, L.: Presentation Skills for Students, Houndmills – Basingstoke – Hampshire – New York: Palgrave Macmillan 2004.

Endler, S.: Projektmanagement in der Schule. Projekte erfolgreich planen und gestalten, Lichtenau: AOL-Verlag, 4. Auflage 2002.

Engel-Ortlieb, D.: Perfekt im Office. Moderne Büroorganisation für Profis/Aufgaben bündeln/Abläufe optimieren/Ablage strukturieren, Frankfurt/M.: Redline Wirtschaft, 2., aktualisierte und erweiterte Auflage 2005.

Fränkl, G.: Wissenschaftliche Arbeiten – Schritt für Schritt zu Diplomarbeit und Dissertation mit OpenOffice.org 2 Writer. So gelingen wissenschaftliche Arbeit schnell und professionell, München: pg-Verlag 2005.

Friedrich, K./Seiwert, L./Geffroy, E.: Das neue 1 x 1 der Erfolgsstrategie. Das offizielle EKS-Buch, Offenbach: GABAL, 8., völlig neu bearbeitete Auflage 2002.

Geisselhart, R./Geisselhart, O.: Power-Tool Gedächtnis. Die Techniken der Weltmeister. Die modernsten Erkenntnisse, Regensburg: Walhalla-Fachverlag, 3. Auflage 2005.

Geldermann, B./Günter, D./Mohr, B./Sack, C./Reglin, T.: Blended Learning für die betriebliche Praxis, Bielefeld: Bertelsmann 2005.

Greetham, B.: How to Write Better Essays, Houndmills – Basingstoke – Hampshire – New York: Palgrave Macmillan 2001.

Grieser, F.: Das PocketPC 2003 Buch. Mobile Computing mit dem PDA, München: Markt/Technik in Pearson Education Deutschland 2004.

Grüning, C.: Garantiert mehr Zeit. Das neue Zeitmanagement, München: Grüning Verlag 2006.

Hansen, K.: Selbst- und Zeitmanagement, Berlin: Cornelsen, 2. Auflage 2004.

Harrant, H./Hemmrich, A.: Risikomanagement in Projekten, Wien: Hanser 2004.

Heister, W.: Effektives und effizientes Informationsmanagement in sozialen Organisationen oder: Immer weniger Ärger mit der EDV!, in: Hauser, A. u.a. (Hrsg.), Sozial-Management – Praxis-Handbuch soziale Dienstleistungen, Neuwied/ Kriftel: Luchterhand, 2. Auflage 2000.

Heister, W. u.a.: Grundlagen der Unternehmensführung 1 – Grundlagen, Konstitutive Entscheidungen, Planung, Organisation, Lübeck 2000.

Heister, W. u.a.: Grundlagen der Unternehmensführung 2 – Investition, Finanzierung, Personalmanagement, Lübeck 2000.

Heister, W. u. Heister, M.: Rechnungswesen 1 – Technik der Buchführung, Lübeck 2001.

Heister, W. u. Heister, M.: Rechnungswesen 2 – Der Jahresabschluss, Lübeck 2001.

Heister, W.: Zum Management virtueller Hochschulen, in: Cordes J./Roland, F./Westermann, G. (Hrsg.), Hochschulmanagement – Betriebswirtschaftliche Aspekte der Hochschulsteuerung, Wiesbaden: Betriebswirtschaftlicher Verlag Dr. Th. Gabler GmbH 2001, S. 63 – 77.

Heister, W.: Virtual Community – Sozialmanagment: Der Lerner ist Mittelpunkt!, in: Brinker, T./Rössler, U. (Hrsg.); Hochschuldidaktik an Fachhochschulen, Bielefeld: W. Bertelsmann 2004, S. 205 – 210.

Heister, W.: Managementwissen und -praxis für die Soziale Arbeit, in: Werner Heister (Hrsg.), Management und Soziale Arbeit – IX. Europäisches Symposium zur Sozialen Arbeit, Mönchengladbach 02.11.2003 – 04.11.2003, Eigenverlag Hochschule Niederrhein: Mönchengladbach 2004.

Herbst, D.: Der Mensch als Marke. Konzepte – Beispiele – Experteninterviews, Göttingen: BusinessVillage GmbH 2003.

Heßmann-Kosaris, A.: Kaffee – der gesunde Muntermacher. Seine positiven Wirkungen auf Körper und Seele – Mit neuesten medizinischen Erkenntnissen, München: Goldmann Verlag 2006.

Immler, C.: Windows XP Professional, Poing: Franzis, 2005.

Karsten, G.: Erfolgsgedächtnis. Wie Sie sich Zahlen, Namen, Fakten, Vokabeln einfach besser merken, München: Goldmann 2004.

Klein, C.: Erfolgreich Nein sagen. Gebrauchsanweisung für ein unentbehrliches Wort, Illustriert von Küstenmacher, W. T., Wuppertal: Brockhaus 2006.

Knab, B.: Warum wir immer das Falsche vergessen. Gebrauchsanweisung für das Gedächtnis, Freiburg: Herder 2006.

Knoblauch, J./Wöltje, H.: Zeitmanagement – Perfekt organisieren mit Zeitplaner und Handheld, Freiburg i. Br.-Planegg: Haufe, 2. Auflage 2006.

Kolberg, M.: Openoffice.org 2.0. Die Office Alternative, München: Markt und Technik 2006.

Kratz, H. J.: 30 Minuten für effektives Delegieren, Offenbach: GABAL 2006.

Krengel, M.: Der Survival-Guide für Studis: Selbstorganisation, Zeitmanagement, Selbstverwirklichung, Berlin: Uni-Edition 2006.

Kriesinger, P.: PDF einsetzen mit Freeware, Acrobat/Co. Mit Vollversion @PDFStar, Poing: Franzis 2005.

Kugemann, W. F./Gasch, B.: Lerntechniken für Erwachsene. Hamburg: Rowohlt 2003.

Kumm, A. W.: Vom Spezialisten zum Generalisten der Technik. Ein Wegweiser zum technologischen Denken, Analysieren und Bewerten, Frankfurt am Main: Haag und Herchen 2003.

Lefrancois, G. R.: Psychologie des Lernens, Berlin: Springer, 4., überarbeitete und erweiterte Auflage 2006.

Leitner, S.: So lernt man lernen. Der Weg zum Erfolg, Freiburg: Herder, 12. Auflage 1995.

Mair, D.: E-Learning – das Drehbuch. Handbuch für Medienautoren und Projektleiter, Berlin – Heidelberg: Springer 2005.

Mandl, H./Friedrich, H. F. (Hrsg.): Handbuch Lernstrategien, Göttingen – Bern – Wien – Toronto – Seattle – Oxford – Prag: Hogrefe 2006.

Markowitsch, H.-J.: Dem Gedächtnis auf der Spur. Vom Erinnern und Vergessen, Darmstadt: Primus Verlag, 2. Auflage 2005.

Mayer, J. J.: Zeitmanagement für Dummies, Bonn: mitp 2002.

Mazur, J. E.: Lernen und Verhalten, München: Addison Wesley in Pearson Education Deutschland 6., aktualisierte Auflage 2006.

Metzig, W./Schuster, M.: Lernen zu lernen. Lernstrategien wirkungsvoll einsetzen, Berlin – Heidelberg – New York – Hongkong – London – Mailand – Paris – Tokio: Springer, 6., verbesserte Auflage 2003.

Miltner, F./Kolb, K.: Gedächtnis-Training für den Job. Namen, Zahlen, Fakten und Gesichter nie mehr vergessen, München: Gräfe und Unzer 2005.

Mücke, K.: Hilf Dir selbst und werde, was Du bist. Anregungen und spielerische Übungen zur Problemlösung und Persönlichkeitsentfaltung, Potsdam: Mücke ÖkoSysteme-Verlag 2004.

Niegemann, H. M./Domagk, S./Hessel, S./Hein, A./Hupfer, M./Zobel, A.: Kompendium Multimediales Lernen, Berlin: Springer 2007.

O.V.: Das große Buch der LERNTECHNIKEN, München: Compact Verlag 2006.

O.V.: Gedächtnistraining. Neue Wege zur Steigerung der Gedächtnisleistung, München: Christian Verlag 2000.

Pohle, R.: Weg damit! Büro ohne Ballast. Entrümpeln am Arbeitsplatz, München: Goldmann 2004.

Pümpin, C./Amann, W.: SEP. Strategische Erfolgspositionen. Kernkompetenzen aufbauen und umsetzen, Bern – Stuttgart – Wien: Haupt 2005.

Rehn-Göstenmeier, G.: Mind-Mapping mit Mindjet MindManager 6, Heidelberg: bhv 2006.

Reibold, H. F.: Mind-Mapping mit FreeMind, Saarbrücken: bomots-Verlag 2006.

Reinhardt, S: Priorität, Leipzig: Engelsdorfer Verlag 2005.

Rinne-Funteh, K.: OpenOffice 2.0.3, Poing: Franzis 2006.

Sabel, H.: Bankmarketing. Unsinn, Wirklichkeit oder Notwendigkeit, in: Rudolph, B./Wilhelm, J.: Bankpolitik, finanzielle Unternehmens-

führung und die Theorie der Finanzmärkte, Berlin: Dunker/
Humblot 1988, S. 197 – 243.

Sabel, H.: Wie Marketing antworten sollte, in: Absatzwirtschaft,
39. Jg., Heft 7, S. 38 – 44.

Schelhaas, C.: »Lernen durch Lehren« für einen produktions- und
handlungsorientierten Fremdsprachenunterricht. Ein praktischer
Leitfaden mit zahlreichen kreativen Unterrichtsideen und reich-
haltiger Materialauswahl, Marburg: Tectum, 2. Auflage 2003.

Schulmeister, R.: Lernplattformen für das virtuelle Lernen. Evaluation
und Didaktik, München: Oldenbourg, 2. Auflage 2005.

Schwebke, F. R.: Der Weg zum Superhirn. Schlauer, schneller, kreativer, München: Gräfe und Unzer 2002.

Seiwert, L. J.: Mehr Zeit für das Wesentliche. Besseres Zeitmanagement mit der SEIWERT-Methode, Frankfurt a. M.: Redline Wirtschaft, 10. Auflage 2005.

Seiwert, L./Wöltje, H./Obermayr, C.: Zeitmanagement mit Microsoft
Office Outlook. Die Zeit im Griff mit der meist genutzten Büro-
software – Strategien, Tipps und Techniken, Unterschleißheim:
Microsoft Press 2005.

Seiwert, L. J.: Das neue 1x1 des Zeitmanagement. Zeit im Griff, Ziele
in Balance. Kompaktes Know-how für die Praxis, München: Gräfe
und Unzer, 5. Auflage 2006.

Simon, W.: 30 Minuten für eine bessere Zielerreichung, Offenbach:
GABAL, 3. Auflage 2003.

Sommer, L. M.: Gutes Gedächtnis leicht gemacht, Wien: Hubert Krenn
VerlagsgesmbH 2003.

Spitzer, M.: Lernen: Gehirnforschung und Schule des Lebens, Heidelberg – Berlin: Spektrum Akademischer Verlag 2002.

Stähli, L.: Lerncoaching – gewusst wie! Ein Handbuch für Lehrerin-
nen, Lehrer und Eltern, Zürich: Orell Füssli, 2. Auflage 2005.

Stanek, W./Zehetmaier, H.: Gedächtnistraining. Das Erfolgsprogramm
für Neues Lernen und gegen mentales Rosten, München: Goldmann
2005.

Stenger, C.: Warum fällt das Schaf vom Baum? Gedächtnistraining mit
der Jugendweltmeisterin, Frankfurt a.M.: Campus 2004.

Surendorf, K.: Wissenschaftliche Arbeiten mit OpenOffice.org 2.0.
Nie mehr Ärger mit Fußnoten, Formaten, Druckproblemen, Bonn:
Galileo Press 2006.

Van Delft, P./Botermans, J.: Denkspiele der Welt. Puzzles, Knobeleien,
Geschicklichkeitsspiele, Vexiere. Augsburg: Weltbild 2004.

Vester, F.: Denken, Lernen und Vergessen. Was geht in unserem Kopf vor, wie lernt das Gehirn, wann lässt es uns im Stich?, Stuttgart: dtv 1998.

Welge, M. K./Laham, A.: Strategisches Management. Grundlagen – Prozess – Implementierung, Wiesbaden: Betriebswirtschaftlicher Verlag Dr. Th. Gabler GmbH, 4., aktualisierte Auflage 2003.

Stichwortverzeichnis